# 企业信用评级理论
# 与实践探究

牛 萌◎著

新华出版社

**图书在版编目（CIP）数据**

企业信用评级理论与实践探究 / 牛萌著．

北京：新华出版社，2025. 1.

ISBN 978-7-5166-7451-2

Ⅰ．F832.4

中国国家版本馆 CIP 数据核字第 2024RN6812 号

**企业信用评级理论与实践探究**

**作者：**牛萌

**出版发行：**新华出版社有限责任公司

（北京市石景山区京原路 8 号　邮编：100040）

**印刷：**天津和萱印刷有限公司

**成品尺寸：**170mm×240mm　1/16　　　**印张：**12.75　　**字数：**255 千字

**版次：**2025 年 1 月第 1 版　　　　　　　**印次：**2025 年 4 月第 2 次印刷

**书号：**ISBN 978-7-5166-7451-2　　　　　**定价：**78.00 元

微店

视频号小店

抖店

京东旗舰店

微信公众号

喜马拉雅

小红书

淘宝旗舰店

扫码添加专属客服

# 前　言

　　评级行业的现代形态起源于西方国家，自 1907 年诞生至今，已历经百余年发展。信用评级在经济体系中占据重要地位，既能为投资者揭示信用风险、降低信息成本，也能为筹资者提供资信证明、减少筹资支出，还能为政府的金融监管活动提供支撑。因此，评级机构在金融市场中扮演着不可或缺的角色。

　　在全球范围内，美国标准普尔公司（简称标准普尔）、穆迪投资者服务公司（简称穆迪）、惠誉国际信用评级有限公司（简称惠誉）构成了评级市场的三大支柱，业务覆盖广泛。然而，2007 年开始的全球金融危机对各国经济造成冲击，评级机构的表现也备受质疑。人们发现，对于众多复杂的金融产品，评级机构的信用评估往往失真，导致投资决策偏离轨道。危机中，这三大机构的不当操作给市场带来巨大波动，促使人们深入剖析评级机构的发展症结，并探讨更为有效的监管措施。

　　中国信用评级业的发展起步较晚，直到 20 世纪 80 年代才开始涉足此领域。经过初创、清理整顿、重新确立、调整以及突破等多个阶段，中国逐渐培育出一些在国内颇具影响力的评级机构。然而，与国际评级业相比，中国仍存在差距。国内评级业面临外部经营环境不佳和内部管理存在问题等诸多挑战，如何强化信用评级机构的管理，并有效支持该行业的蓬勃发展，是信用研究者和实务界亟待解决的现实问题。

　　在中国信用体系中，企业信用的重要性不言而喻。企业信用的缺失会对市场经济秩序的建立与规范构成威胁，同时也会危害企业的长远发展和持续生命力。随着中国经济的迅猛发展以及经济全球化的趋势，中国经济必须与全球主流经济接轨。目前，中国已有大约 50 家信用评级机构，其服务范围广泛，涵盖金融机构信用评级、贷款项目评级、企业信用评级、企业债券及短期融资债券信用评级，以及保险和证券公司的信用评级等。

　　本书第一章为信用评级概述，分别介绍了信用与信用评级、信用评级机构、信用评级的程序与原则、信用评级指标与信用等级、信用评级模型五个方面的内容；第二章为国内外的信用评级制度，主要介绍了三个方面的内容，依次是国外信用评级制度的经验、中国信用评级制度建设的现状、积极推进中国的信用评级制度建设；第三章为企业信用评级与企业债券信用评级，分别介绍了四个方面的内容，依次是企业信用评级、企业债券的信用评级、企业信用评级的指标体系、企业债券信用评级的指标体系；第四章为不同行业企业信用评级的方法，依次介绍了制造业企业的信用评级、旅游企业的信用评级、金融企业的信用评级三个方面的内容；第五章为企业 ESG 评级，分别介绍了四个方面的内容，分别是 ESG 评级的基本概念及意义、ESG 评级的发展背景及过程、国内外主要 ESG 评级体系和企业提升 ESG 评级的路径建议；第六章为民营中小企业信用评级制度的探索，主要介绍了三个方面的内容，分别是民营中小企业的评级指标体系、民营中小企业的评级概况、民营中小企业评级体系的政策建议。

在撰写本书的过程中，作者参考了大量的学术文献，得到了许多专家学者的帮助，在此表示衷心的感谢。本书内容系统全面，论述条理清晰、深入浅出，但由于作者水平有限，书中难免有疏漏之处，希望广大同行及时指正。

作 者
2023 年 9 月

# 目 录

# 第一章　信用评级概述

本章为信用评级概述，分别介绍了信用与信用评级、信用评级机构、信用评级的程序与原则、信用评级指标与信用等级、信用评级模型五个方面的内容。

## 第一节　信用与信用评级

### 一、信用

广义的信用涵盖了经济、社会和道德多个维度的意义。在经济维度上，信用指的是参与经济活动的各方之间，基于诚实守信原则而构建起来的履约能力；而在社会和道德层面，信用则体现为一种道德操守，表现为公众对社会规范或人与人之间约定俗成的行为准则的自觉遵守，也就是我们常说的"恪守信用""保持信誉""信守承诺"。因此，在实际应用中，信用常与信誉、信义、信任等概念相互交织、并用。

在现代市场经济环境下，信用通常被狭义地理解为源自西方的纯经济学概念，英文称作"credit"。《韦氏词典》将其定义为一种制度，允许买卖双方在不立即支付或提供财产担保的情况下进行经济价值的交换。此外，信用可进一步阐释为，在信任（trust）的基础上，受信方对授信方所做出的在特定时间内支付或偿还承诺的履行能力。

信用是一种特殊形式的价值运动，其核心在于偿还条件。随着商品经济的演进，历史上曾先后涌现出高利贷信用、商业信用和银行信用三种基本的信用形态。在当今的现代商品经济体系中，银行信用占据了主导和支配地位。随着现代经济的不断发展，信用也展现出细分化和全球化的趋势。票据、单据、信用证等工具的广泛应用，电子商务系统的崛起，以及消费信用、企业信用、国家信用、贸易信贷、跨国清算和国际信用等的蓬勃发展，都充分体现了现代经济社会中信用的新形态和深远意义。

企业信用有狭义与广义两种理解。狭义的企业信用指的是企业按期偿还债务本金和利息的能力和意愿。这里所说的债务，主要指企业对外承担的有息负债，如长期或短期贷款、债券以及可转换公司债券等。企业的偿债能力即指在债务到期时，企业能否筹集到足够的资金来支付债务利息和本金的能力；而偿债意愿则体现了企业是否有偿还到期债务的积极态度。

广义的企业信用不仅涵盖了上述内容，还包括企业在遵守市场监督、税务、海关、劳动等相关法律法规，履行商业合同，以及处理或有负债等方面的表现。

## 二、信用评级

信用评级是指专业的信用评级机构或机构内的部门，按照规范的评估指标体系和标准，运用科学的评估方法，履行严格的评估程序，对评级对象的信用记录、经营水平、财务状况、外部环境、未来发展前景以及其他与信用状况有关的因素进行分析研究之后，就其信用能力所做的综合评价，并且用一种简单的评级符号表示其信用等级。信用评级的结果通常是以一系列评级符号来表示的，这些符号代表不同的信用等级。在评级过程中，信用评级机构会对比与评估事项相关的各种参数值，并进行全面的综合评价。最终，评级结果会以简洁明了的符号（如AAA、AA、BBB 等）表示，并公之于众，供社会大众参考。

在进行企业信用评级时，通常会采用定性分析与定量分析相结合的评估方法，其中定性分析占据主导地位，而定量分析则为定性分析提供重要依据。从本质上来看，信用评级是一种基于客观事实的定性判断。基于这一理解，我们可以得出信用评级的核心观点。

①信用评级主要聚焦于对信用风险的评估，而不涉及市场价格、投资者偏好等其他投资决策因素。因此，投资者在做出决策时，不应仅将评级结果作为唯一参考，同时信用评级机构也不对投资者因采用其评级结果而产生的法律后果承担责任。

②信用评级并不仅仅反映评级对象的经营状况。高资信等级的企业并不一定

在经营上优于低资信等级的企业。因此，我们不能直接将资信等级的高低与企业的经营状况好坏等同起来。

③信用评级机构与被评企业之间的关系更多是基于合作而非对立。在评级过程中，双方都应坚持独立、客观和公正的原则，这符合双方的长期利益。只要信用评级机构能够向被评企业清晰地解释评级流程和最终评级结果的得出过程，就能够获得被评企业管理层的理解和信任。

## （一）信用评级概述

### 1. 信用评级的主体

信用评级的主体通常被称为评级者或评级机构，是那些具备独立、中立身份，并拥有对信用进行审测和评价能力的法人单位。这些机构在评级过程中发挥着至关重要的作用，确保评级结果的客观性和公正性。

### 2. 信用评级的客体

信用评级的客体也就是被评级者或评级对象，具有广泛的涵盖范围。虽然目前对于信用评级的对象和活动范围尚未形成明确的科学界定，但从国内外信用评级业的实践来看，可以大致划分为四类：证券评级、企业信誉评级、特定信用关系评级以及个人信用评级。

### 3. 信用评级内容

信用评级业是一个高度依赖知识的行业，其评级过程较为复杂，需要从多个维度对评级对象进行全面评估。以发行人评级为例，评级机构必须深入考察和分析被评企业的经营环境、管理层的素质、财务结构、偿债能力、经营效率、盈利前景等诸多相关因素，以全面揭示被评企业的风险状况和发展趋势。在债项评级中，还需额外考虑发债后资金的用途、企业的现金流状况以及债券的具体条款等。这种综合性的评级能力远非其他单一的中介服务所能比拟，它不仅要求评级分析人员具备卓越的分析研究能力，还要求评级机构在行业风险、地区风险、专题研究、数据研究、评级操作系统及基础理论等方面进行长期且持续的投资和积累。

### 4. 时效限定

时效限定是对资信等级评级结果的有效期做出期限规定。信用评级的有效期因具体应用和机构而异。一般来说，企业信用等级认证的有效期可以分为一年、两年或三年。一年期的服务通常包括颁发等级证书、颁发等级牌匾以及出具信用报告。两年期的服务则在此基础上增加了提供一年免费年审的服务。三年期的服务则提供了最多两年的免费年审。此外，还有一些特定的规定，如商务部的 AAA 企业等级证书有效期为三年，并且每年需要进行年审；广东省的 AAA 企业等级证书有效期则为两年，同样需要每年进行年审。

### （二）信用评级的特点

信用评级的核心在于评估各类企业对于所承担的各项债务是否有如期偿还本金和利息的能力，以及企业的可信赖程度。这实质上是对企业债务偿还风险的一种衡量。评级的主要关注点在于企业的负债状况，评级机构在深入考察企业后，会为其分配相应的信用等级，并据此编制信用评级报告。该报告的目的在于明确指出企业在某一项债务上的偿还能力强弱以及潜在的违约风险大小。

在信用评级过程中会涉及大量的数据计算和指标分析，虽然定量分析的工具得到了广泛应用，但评级的关键仍然是基于定量数据的定性解读，以及对那些无法用数据衡量的因素（如领导才能）进行定性分析。

需要注意的是，信用评级仅仅是对企业信用风险的一种评估，它并不等同于对企业整体经营状况的全面评价。因此，高信用等级的企业并不一定在经营表现上就优于低信用等级的企业。

综上所述，信用评级的特点可以概括如下。

#### 1. 简洁性

信用评级通过简洁的字母、数字组合符号，有效地揭示了企业的资信状况，成为一种简明扼要地对企业进行价值评估的工具。

#### 2. 可比性

信用评级机构所采用的评级体系确保了同行业内的受评企业都处在同一套评级标准下，从而清晰地揭示了这些企业在行业内的资信地位。

#### 3. 服务对象的广泛性

信用评级的服务对象广泛，除了为评级对象自身提供对照以改善经营管理，还主要包括以下几类服务对象：①投资者；②商业银行、证券承销机构；③社会公众与大众媒体；④与评级对象有经济往来的商业客户；⑤金融监管机构。

### 4. 全面性

信用评级通过对受评企业的经营管理水平、财务构成、债务偿还能力、运营能力、经营成果以及未来展望等多个维度进行深入剖析，可以全面展现了企业的发展态势，并综合体现企业的整体状况。

### 5. 公正性

信用评级的公正性是指评级机构在进行信用评级时，能够保持客观、中立的态度，不受任何外部因素的影响，对评级对象进行公正的评价。公正性是信用评级机构的灵魂，是评级结果可信度的基石。

### 6. 监督性

一个完整的监督体系由三个方面共同构成：首先，投资者对其所投资的对象进行的选择与监督；其次，大众媒体发挥的舆论监督作用；最后，金融监管部门实施的有效监管。

### 7. 形象性

信用评级的形象性主要体现在它能够简洁明了地展示一个企业或个人的信用状况。信用评级可以将复杂的信用信息浓缩为一个简单的评级符号，使得投资者、合作伙伴和公众能够迅速了解企业或个人的信用水平。

### 8. 社会信用的基础性

信用评级的推动作用使社会逐渐关注并重视企业在微观经济层面上的信用状况，进而引发个人、其他经济主体以及政府对信用价值观的重视。这一过程将有助于建立起一个有效的社会信用管理体系，从而推动整个社会的信用环境得到改善和提升。

### （三）信用评级的种类

信用评级历经百余年的发展，已逐渐演化成为一个庞大且复杂的现代信用评级体系。在这个体系中，评级种类日益增多，评级体系相互交织，使得单一的分类标准已无法全面、准确地反映现代信用评级体系的真实面貌。目前，为了更好地理解和应用信用评级，我们可以从多个维度进行划分，包括评级方式、评级对象、货币币种、评级的主动性等分类标准。这些不同的分类标准有助于我们更全面地认识信用评级的多样性和复杂性，从而更好地应对现代金融市场的挑战。

1. 按评级方式划分

信用评级可以根据评级方式的不同划分为两大类别：定性分析与定量分析。定性分析侧重于对除财务报表外的企业所处环境及其内部素质等的考量，以此对企业的信用状况进行综合判断。相对而言，定量分析主要依赖于企业的财务报表数据，运用特定的数理方法进行数据处理和分析，进而得出企业的信用评级结果。然而，由于决定有价证券或债务人偿债能力可靠性的因素众多，且部分因素（如管理水平）难以量化表达，在实际操作中，许多信用评级机构会选择定性分析与定量分析相合的方式，以确保评级的全面性和准确性。

2. 按评级对象划分

（1）国家主权信用评级

国家主权信用评级是当前国际上的通行做法，旨在全面评估一个国家的偿债意愿和偿债能力。这种评级涵盖了广泛的内容，包括但不限于国内生产总值（GDP）增长趋势、对外贸易状况、国际收支平衡、外汇储备、外债的总量与结构、财政收支以及政策实施等因素，这些都直接影响着国家的偿债能力。同时，信用评级还会考虑金融体制改革、国有企业改革以及社会保障体制改革所带来的财政压力。根据国际习惯，一个国家的主权信用等级被视为其境内单位发行外币债券的评级上限，任何境内单位的评级都不得超过这个上限。

当我们谈论一个国家或主权国家的信用级别时，我们实际上是在讨论该国中央银行及其中央政府获取足够外币以偿还其借款的能力和意愿。尽管这种评级并非直接针对政府信用的评价，但它确实反映了该国在偿还所有对外债务方面的能力，这些债务既包括公共事业借款，也包括私人借款。

在任何情况下，国家主权信用级别都被视为一种"主权上限"。这意味着任何受该国管辖的实体所发行的外币债务的信用等级都不能超过这个上限。这种主权上限的合理性源于这样一个事实：所有的外币付款都必须经过该国中央银行的控制体系。此外，在面临紧急情况时，中央银行有权要求所有企业和公共机构上交其全部外汇收入以供集中分配。同时，中央银行还具备合法权力对本国的资金流入和流出实施直接管制。

（2）企业信用评级

企业信用评级是信用评级机构对征集到的企业信用信息，依据一定指标进行信用等级评定的活动。这种评级主要针对工商企业，制造业企业，流通企业，建筑安装、房地产开发与旅游企业以及金融企业等。评级的主要内容包括产业分析、企业素质、经营管理、财务状况和偿债能力等方面。企业信用评级的方法主要包括定量分析和定性分析。定量分析通过收集企业的财务数据，运用统计学和数学模型来评估企业的偿债能力、营利能力和运营效率等。定性分析则更侧重于评估企业的非财务因素，如管理水平、市场竞争力、发展前景等。这两种方法相互补充，为企业信用评级提供了全面的评估体系。相比之下，金融组织由于经营环境的敏感性，以及作为货币借贷和证券交易的参与者，其业务涉及范围广泛且风险较高。

企业评级不仅涉及对企业发行的各类债券（如长期债券、短期债券、商业票据、优先股、可转换债券等）的评级，还包括对企业整体信用质量的评级，即通常所说的企业评级或贷款企业评级。标准普尔等评级机构也将这种评级称为交易对手评级。

以城市商业银行（简称城商行）对中小微企业开展的信用评级过程为例，我国城商行从成立之初至现在，一直秉承"服务地方经济、服务中小企业、服务城市居民"的市场定位，因此，小微企业成为城商行主要的金融服务对象。尽管政府力推小微企业更快发展，要求金融机构（特别是城商行）多给予小微企业提供金融支持，但在现实中，城商行支持小微企业的力度小于小微企业的融资需求。究其根源，主要是小微企业规模小、财务制度不健全、信用度不高，以及信息不对称等原因造成的。

城商行通常采用打分卡对小微企业进行信用评级。城商行小微企业信用评级体系通常由定性指标和定量指标组成。定量指标主要利用小微企业财务报表进行财务指标分析，衡量小微企业的经营能力、营利能力以及偿债能力，但缺乏对小微企业现金流的考量。对于城商行来说，企业的经营状况和充足的现金流是小微企业按时偿还贷款及利息的重要保障。因此，城商行小微企业信用评级体系不仅要分析企业经营状况、营利能力及偿债能力，还要将反映现金流的相关指标加入信用评级指标体系中。

（3）金融机构信用评级

金融机构信用评级与企业信用评级在整体框架上存在相似之处。具体而言，金融机构信用评级涵盖了对该机构所发行的各类债券的评级，同时也包括对其长期或短期存款的评级。除此之外，金融机构信用评级还包含了一种针对其财务实力的评级（如穆迪所采用的方法），也被称为个体评级。这种评级通常是在不考虑政府支持的情况下，对银行财务稳定性和偿债能力进行的全面评价。

金融机构信用评级的主要分析项目可分为外部环境分析、经营管理状况分析、业务及其风险分析、资产质量分析、筹资能力分析、清偿能力分析，其主要涉及以下内容。

①金融机构经营管理与业务发展水平。

②资产质量与财务状况，包括资本充足率、贷款收益率与稳健程度、财务稳定性、支付能力等。

③外部环境，包括行业发展状况、经济发展状况、政策法规的变动、外部支持因素等。

④值得注意的突出问题：是否存在支付危机，是否有违规、违法行为，高级管理人才的变更，大的政策出台对其有无大的影响，是否存在道德风险问题等。

参照国际信用评级惯例，信用等级的设置采用三等十级制，即 AAA、AA、A、BBB、BB、B、CCC、CC、C、D，每一个信用级别分别规定具体的标准。

（4）证券信用评级

证券信用评级涵盖了对多种金融工具的信用评级，包括长期债券、短期融资券、优先股、基金以及各种商业票据等。在我国，债券信用评级已成为一项制度性要求，企业在发行债券前必须向获得认可的债券评级机构申请信用等级评定。至于股票评级，除了优先股，国内外通常不对普通股在发行前进行评级。然而，对于普通股发行后上市公司的业绩评级，即对上市公司的经营业绩进行综合排序的做法得到了广泛认可。

证券信用评级在信用评级领域中扮演着重要角色。首先，它为投资者提供了有关证券的信息，降低了投资者获取信息的成本，并成为投资者做出投资决策的重要依据。其次，通过为上市公司之间的比较提供信息，证券信用评级促使上市公司拓展资源、改善经营管理。再次，它能够引导投资者进行更为理性的投资，推动证券市场的健康发展。最后，证券信用评级对资本市场起到了监督作用，是市场经济正常运行的有力保障。

尽管如此，当其他信用评级项目在国内外蓬勃发展时，传统的证券信用评级方法却面临困境，亟待创新改进。传统方法的缺陷主要体现在四个方面：信息的价值、评级指标的选取、信息的加工以及市场环境的挑战。

（5）个人信用评级

个人信用评级是指信用评级机构根据信用评级标准，采用特定的方法和程序，在对个人信用进行全面了解、征集和分析的基础上，对其信用状况进行评价，并以专用符号或文字形式表达出来的活动。

个人信用评级的标准包括但不限于以下几个方面。

①个人还款能力。评定个人的信用等级时，评级机构会考虑其还款能力。这可以包括对个人的收入来源、职业稳定性、债务负担比例等因素的评估。还款能力越强，个人信用等级越高。

②个人信贷历史。评定个人信用等级时，评级机构会参考个人的信贷记录。这包括个人的信用卡使用情况、贷款还款记录等。良好的信贷历史有助于提高个人信用等级。

③个人逾期情况。逾期还款是个人信用等级降低的重要因素之一。评定个人信用等级时，评级机构会考虑个人是否有逾期记录，以及逾期的次数和金额等。逾期情况越严重，个人信用等级越低。

④其他因素。除了上述因素，个人的工作稳定性、个人的经营状况、社交关系等也会对个人信用等级产生影响。例如，个人频繁更换工作或有未偿还债务可能会降低个人的信用等级。

3. 按货币币种划分

信用评级可以根据货币币种的不同被划分为本币评级和外币评级两大类别。由于债务存在本币和外币两种形式，评级也相应地分为本币和外币两种形式。信用评级可以根据货币币种进行划分，主要分为本币评级和外币评级两种。本币评级主要是针对以本国货币（即本币）为偿还债务货币的债务工具和主体进行的评级。这种评级主要考察债务人在本国经济环境下的偿债能力和意愿。外币评级则主要是针对以外币为偿还债务货币的债务工具和主体进行的评级。这种评级需要考虑到债务人对外币债务的偿还能力，以及可能存在的汇率风险等因素。由于涉及外币，外币评级通常比本币评级要复杂得多。总的来说，根据货币币种对信用评级进行划分，有助于更全面地评估债务人的偿债能力和风险水平，从而为投资者提供更准确的决策依据。

### 4. 按评级的主动性划分

按评级的主动性划分可以将信用评级划分为主动评级（非请求评级）和被动评级（请求评级）。主动评级是指评级机构未经评级对象的请求或委托而主动进行的信用评级。在这种情况下，评级机构通常会通过公开渠道收集评级对象的相关资料和信息，并以此为依据进行评级。主动评级的目的多是积累声誉资本或向市场展示评级机构的专业能力。由于是评级机构主动发起的，评级对象往往没有提供详细信息的义务，评级所依据的信息可能较为有限。被动评级是指评级机构应评级对象的请求或委托而进行的信用评级。在这种情况下，评级对象会向评级机构提供详细的信息和资料，以便评级机构能够更全面、准确地评估其信用状况。被动评级通常是有偿的，即评级机构会向评级对象收取一定的费用。由于信息来源更为全面和可靠，被动评级的结果往往更加准确。

### （四）信用评级的作用

自 20 世纪初穆迪设立了世界上第一家资信评级机构以来，信用评级行业历经百余年的积累与演进，在揭露信用风险、缩减交易费用及辅助政府进行金融监管等方面发挥了关键作用。对于企业、投资者、银行以及政府等各方而言，信用评级所得出的结论具有不可忽视的重要性。针对企业而言，信用评级的结果通常能为其开辟更广阔且稳定的融资途径。一旦信用评级获得广泛传播与应用，并得到投资者的认可，就将成为企业获取多样化资金的关键，推动企业扩大融资途径。但那些没有经过评级的负债企业，即便它们的信用状况优秀，也往往难以吸引充足的投资者关注。这主要是因为投资者可能难以获取这些企业的相关信息，无法精确评估其债务在二级市场的流通性，因此会保持谨慎态度。此外，信用评级的结果还能有效降低企业的融资成本。当大量投资者根据信用评级来设定投资价格时，信用评级可以为新发行的债券节省大量的开支。针对银行来说，信用评级的结果往往被视作决定贷款批准与否的关键考量因素。就政府层面而言，信用评级成为其对企业进行宏观管理时不可或缺的参考。以美国为例，在金融法规的制定过程中，信用评级机构的观点备受关注，超过 20 种相关法规均采纳了它们的建议。若某一债券的信用评级偏低，按照美国相关法律规定，是不允许购买特定的养老基金和对冲基金的。此外，巴塞尔银行监管委员会（简称巴塞尔委员会）在 1988 年颁布的《巴塞尔协议》中，对银行必须持有的法定准备金有明确的规定，特别是在《巴塞尔新资本协议》里，明确地将银行的信用评级与其所需持有的法定准备金相联系，评级较低的银行必须准备更多的资金作为风险准备。

综上所述，信用评级的主要功能和作用可概括为以下几个方面。

1. 揭示债务发行人的信用风险，降低交易成本

信用评级的首要任务并非为市场参与者提供购买、出售或持有某种证券的建议，而是基于债务发行人所提供的信息，或是从其他可信赖的渠道搜集的数据，对债券发行主体的信用风险进行精确、无偏见且公正的评判。正因如此，信用评级对于企业规避商业风险具有重大意义。为客户量身定制信用政策，已经成为企业提升市场竞争力的一种有力手段。由于信用评级机构积累了丰富而详尽的信用资料，恪守"利益无涉"的原则，并拥有专业方面的优势，其评级结果逐渐得到了债券发行人和市场投资者的普遍认同。这极大地缓解了债券发行者与投资者之间的信息不对称现象，有助于减少投资者所面临的信用风险，帮助他们做出更加明智的投资选择，并提高证券发行的效率。

此外，信用评级也被视为一种降低融资成本的有效手段。拥有高等级信用的企业能够更容易地获得金融机构的青睐和投资者的信赖，进而拓宽融资渠道并降低融资成本。债券的信用等级往往与其发行利率紧密相连。中国人民银行上海分行明确规定，对于信用等级达到 AA 级及以上的贷款企业，各商业银行应优先提供信贷支持，并可在贷款利率上不上浮，同时优先处理其商业承兑汇票的贴现业务，中国人民银行也将优先办理再贴现。随着人民币利率市场化在未来的推进，那些信用等级高的企业将享受到更低的融资成本。

2. 信用评级是融资市场的"通行证"

若企业要发行债券，那么债券信用评级就成了不可或缺的先决条件。对于希望获得较大规模贷款的企业来说，进行贷款企业的信用评级则是通过贷款卡年审

以及顺利从银行获得贷款的重要保障。不论是国家还是企业，只要想在国际资本市场上筹集资金，就必须接受至少两家评级机构的信用评级，其信用等级的高低会直接影响融资的成本和可获得的融资额度。

### 3. 信用评级是市场经济中的"身份证"

为确保最大化地从客户交易中获益，同时最小化客户信用风险，企业必须全面且科学地评估与分析客户的信用状况，包括信用形式、账期及金额等信用政策的制定。借助信用评级，企业可以透彻了解竞争对手和合作伙伴的真实情况，进而降低信息收集成本。优秀的信用等级不仅为企业增添了无形资产，也使其成为市场经济中的"绿色通行证"，让投资者和客户能更加信赖并与企业合作。信誉在市场经济中的重要性日渐突出，已成为企业持续成长与发展的核心要素。

### 4. 缓解经营管理的外在压力和内在动力

当企业计划发行债券时，其信用等级信息将在公共媒体上披露，唯有评级较高的企业方能更轻松地吸引投资者的目光和资本注入。对于申请贷款的企业而言，其信用等级信息将被载入"银行信贷登记咨询系统"，并向各类金融机构或社会公众公示。这种公开信息的做法，不仅给企业带来了一定的压力，促使其不断优化管理以获取更高的评级，同时也为企业提供了一次客观的自我评价机会。借助信用评级机构的评级，企业能够明确地识别出自身需要改进的领域，进而实施有针对性的改进和提升措施。

### 5. 协助政府部门加强市场监管，有效防范金融风险

信用评级在监管中的应用一般涵盖三个层面。第一，监管机构会依据信用等级来界定被监管机构的投资范畴。例如，不少西方国家明确规定禁止商业银行、保险公司、养老基金等机构投资者购买评级低于BBB级（即投机级）的债券。第二，信用评级也被用于设定金融机构的资本充足性标准。第三，监管还包括对债券发行机构的信息披露要求和对最低评级标准的设定。从各国的监管实践来看，政府监管部门采纳信用评级结果有助于提升市场的透明度，进而有效地规避金融风险。

### 6. 适应经济全球化发展的需要

伴随经济全球化步伐的加快，国际贸易与金融交易活动迅速拓展，资本市场

的全球化特征越发显著。在此背景下，跨国公司及各国金融机构对国际性信用评级机构的服务需求持续增加，以应对跨国交易，包括投资和融资活动中所涉及的信用风险。同时，为了保障本国投资者的权益，各国监管机构也提高了对跨国融资实体或融资产品的评级监管标准。如今，几家国际性信用评级公司，如穆迪、标准普尔等，其评级结果在很大程度上影响着各国金融机构发行外债的筹资成本。这些国际性资信评级公司正是适应了经济全球化的需求和趋势而存在和发展的。它们通过提供客观、公正的信用评级服务，帮助投资者识别和管理信用风险，促进了国际资本市场的健康发展。

# 第二节　信用评级机构

## 一、国际三大信用评级机构介绍

目前，从国际信用评级市场的格局来看，穆迪、标准普尔和惠誉无疑是最具影响力的三大信用评级机构。它们在全球范围内提供着权威、专业的信用评级服务，对国际资本市场的发展起着举足轻重的作用。

### （一）穆迪

穆迪已经成为国际权威的投资信用评级机构，提供全球范围内的信用评级、研究报告以及风险分析服务。

#### 1.公司历史

穆迪的历史可以追溯到1900年，当时美国金融分析师约翰·穆迪（John Moody）在纽约创立了约翰·穆迪公司。该公司的主要业务是为投资者收集和提供有关金融机构、政府机构、制造业、采矿业、公用事业以及食品业企业的股票和债券的信息与统计数据。尽管穆迪手册在业内已经建立了一定的声誉，但1907年的股市崩盘导致该公司面临资金周转的困境，穆迪不得不将手册业务出售。

该公司在1909年发布了一本具有划时代意义的《穆迪铁路投资分析》手册。在该手册中，该公司首次详细论述了评估铁路公司运营状况、管理层能力以及财务状况的准则，同时深入分析了美国250家铁路公司及它们发行的90种债券。

值得一提的是，该公司首次采用了字母评级体系，为这些证券的相对投资价值提供了明确的判断依据，从而开辟了公开市场证券评级的新纪元。该手册的问世使该公司迅速赢得了投资者的广泛赞誉，也使信用评级从过去的统计分析活动中完全独立出来。1913 年，该公司进一步拓宽了其信用评级服务的领域，覆盖了公用事业和工业债券，从而使得该公司的信用评级在债券市场中占据了不可或缺的地位。紧接着，1914 年 7 月 1 日，穆迪投资者服务公司宣告成立，进一步扩大了评级服务范围，覆盖了美国各城市及其他地方政府发行的债券。尽管 20 世纪 30 年代的经济大萧条对全球产生了深远影响，但穆迪依然坚守其岗位，持续发布并监控评级的最新动态。到了 20 世纪 70 年代，穆迪的评级服务再次扩展，涵盖了商业票据和银行储蓄的评级。1988 年，穆迪更是进军了结构融资评级领域。在历史长河中，穆迪曾于 1962 年被邓白氏（Dun & Bradstreet）公司收购并成为其子公司。然而，在 2001 年，穆迪重新恢复独立地位，成为一家公开上市的独立公司。

如今，穆迪以其国际权威的投资信用评级服务以及金融信息出版的专业能力而享誉全球。该公司总部位于美国纽约，并在纽约证券交易所上市交易其股票，彰显着其在全球金融领域的重要地位。

2. 穆迪的评级业务

穆迪专注于提供评级、研究以及风险分析服务。

①在长期信用评级领域，穆迪专注于对固定收益债务进行评估，尤其是那些原始到期日不少于一年的债务。穆迪提供关于这些债务相对信用风险的评级意见。这些评级不仅揭示了金融债务可能存在的违约风险，即无法按时履行的可能性，还反映了潜在的违约概率以及在发生违约时可能面临的财务损失程度。

②就短期信用评级而言，穆迪主要对发行人在短期内的融资债务偿付能力进行评价。该类评级服务适用于各类发行主体、短期规划或特定的短期债务凭证，这些债务的原始到期日通常不超过 13 个月，除非有特别说明。穆迪通过短期信用评级，帮助投资者了解短期内债务的偿付风险。

③关于短期市政公债免税评级，穆迪采用了详细的分类方法，这与标准普尔的做法有所不同。尽管如此，两家机构在分类上存在大量重叠之处，并且在分析债务偿付能力时采用了相似的标准和方法。

3.穆迪的评级体系

（1）穆迪长期信用评级等级及其含义

穆迪使用符号来表示受评发行人的长期信用评级等级，如表1-1所示。

表1-1　穆迪长期信用评级等级

| 级别 | 评定 |
|---|---|
| Aaa 级 | 债务的信用质量最高，信用风险最低 |
| Aa 级 | 债务的信用质量很高，只有极低的信用风险 |
| A | 债务为中上等级，有低信用风险 |
| Baa 级 | 债务有中等信用风险。这些债务属于中等评级，因此有某些投机特征 |
| Ba 级 | 债务有投机成分，信用风险较高 |
| B 级 | 债务为投机性债务，信用风险高 |
| Caa 级 | 债务信用状况很差，信用风险极高 |
| Ca 级 | 债务投机性很高，可能或极有可能违约，只有些许收回本金及利息的希望 |
| C 级 | 债务为最低债券等级，通常都会违约，收回本金及利息的机会微乎其微 |

注：穆迪在 Aa 至 Caa 的各个基本等级后面加上修正数字 1、2 及 3。修正数字 1 表示该债务在所属同类评级中排位较高，修正数字 2 表示排位在中间，修正数字 3 表示该债务在所属同类评级中排位较低。

（2）穆迪的短期信用评级等级及含义

穆迪用来表示受评发行人的短期信用评级等级的符号如表1-2所示。

表1-2　穆迪短期信用评级等级

| 级别 | 评定 |
|---|---|
| P-1 | 被评为 Prime-1 的发行人（或相关机构）短期债务偿付能力最强 |
| P-2 | 被评为 Prime-2 的发行人（或相关机构）短期债务偿付能力较强 |
| P-3 | 被评为 Prime-3 的发行人（或相关机构）短期债务偿付能力尚可 |
| NP | 被评为 Not Prime 的发行人（或相关机构）不在任何 Prime 评级类别之列 |

### （二）标准普尔

1. 公司历史

标准普尔（常简称为 S&P）的历史可以追溯到 1860 年，当时企业家亨利·普尔（Henry Poole）创立了普尔出版公司，其宗旨是为全世界的投资者提供独立而深刻的财务剖析和信息。之后的 1906 年，标准统计公司宣告成立，其业务重心是为人们提供关于美国企业财务状况的信息。1916 年，标准统计公司进一步扩大了其服务范围，开始对公司债券和主权债务进行信用评级。至 1940 年，其业务范围又延伸至市政建设债券评级。受经济大萧条影响，1941 年标准统计公司与普尔出版公司选择合并，从而诞生了如今的标准普尔公司，并以标准普尔 500 指数作为其核心产品。1966 年，麦格劳-希尔（McGraw-Hill）公司收购了标准普尔，使其成为旗下的重要一员。2004 年，标准普尔进一步扩大了其业务版图，收购了企业信息及解决方案提供商资本智商（Capital IQ）。值得一提的是，尽管作为麦格劳-希尔的一部分，标准普尔的评级服务始终保持独立性。它的信息部门与评级部门在运营上完全分离，分别专注于提供与投资、融资、贸易相关的资讯、数据及分析（尤其是针对权益性资产）。

在业界的高度认可下，2018 年 12 月标准普尔在世界品牌实验室发布的"世界品牌 500 强"排行榜中荣登第 199 位。2019 年 1 月，标准普尔获得了进入中国信用评级市场的准入许可，这无疑是对其专业性和影响力的肯定。

2. 标准普尔的评级体系

起初，标准普尔的信用等级和符号仅用于评估债券的信用状况。然而，随着时间的推移，这些评级标准和符号也逐渐应用于对发行人整体信用以及特定金融债务的评估。标准普尔在优先股和短期金融工具评级领域具有悠久的历史和稳固的地位，其信用评级深受投资者信赖，成为有效区分不同信用质量的重要工具。

标准普尔在对发行人的具体金融债务、某一类金融债务或特定金融方案进行评级时，会综合考虑担保人、保险人以及各类信用增强机制的信用状况，同时还会涉及相关的法律和监管要素。在进行发行信用评级时，标准普尔还会格外注意国家风险因素，因为这些因素可能会增加国内债权人所面临的违约风险。自 1992 年以来，标准普尔对其评级准则进行了调整，将货币因素而非发行市场视为决定国外和国内发行评级的主导因素。这样的改变推动发行信用评级开始采用国内货币和国外货币并行的评级系统。随着新兴市场国家的不断涌现，评级的涵盖范围也在不断扩大，对政治、经济和货币风险的全面分析也变得越来越重要。

（1）长期债券信用评级

标准普尔对长期债券信用评级设立了十个等级。在这些等级中，从 AA 到 CCC 的六个等级都允许使用"+"或"-"符号来进行微调，这样做的目的是更精确地表达债券在各主要等级中的相对信用强度，如表 1-3 所示。

表 1-3　标准普尔长期债券信用评级等级

| 级别 | 评定 |
| --- | --- |
| AAA | 最高评级，偿债能力极强 |
| AA | 偿债能力很强，与最高评级差别很小 |
| A | 偿债能力较强，但相较于评级更高的债务或发债人，此种偿债能力更容易受到外部环境及经济情况变化的不利冲击 |
| BBB | 有足够的偿债能力，但若处在恶劣的经济条件或外在环境下其偿债能力可能较脆弱 |
| BB | 相对于其他投机级评级，违约的可能性最低，但持续的重大不稳定情况或恶劣的商业、金融、经济条件可能令发债人没有足够能力偿还债务 |
| B | 违约可能性较 BB 级高，发债人仍有能力偿还债务，但恶劣的商业、金融或经济情况可能削弱发债人偿还债务的能力和意愿 |
| CCC | 有可能违约，发债人依赖良好的商业、金融或经济条件才有能力偿还债务。如果商业、金融、经济条件恶化，发债人可能会违约 |
| CC | 违约的可能性较高。由于其财务状况，正处在受监察期内。在受监察期内，监管机构有权审定某一债务较其他债务有优先偿付权 |

| 级别 | 评定 |
|------|------|
| SD/D | 若债务到期而发债人未能履行偿债责任，即便宽限期尚未结束，标准普尔也会赋予 D 评级，除非确信债款能在宽限期内得到清偿。另外，若发债人正在申请破产或已采取类似举措导致债务偿付受阻，标准普尔同样会给予 D 评级。当发债人选择性地违约某些或某类债务时，标准普尔则会赋予 SD 评级，即选择性违约评级 |
| NP | 发债人未获得评级 |

通常情况下，债券若被评为前四个等级，则意味着其信誉良好，违约风险较低，因此被视为"投资级债券"；而从第五级开始的债券则被称为"投机级债券"，风险相对较高。

若评级符号后附有"pi"标记，则表明该评级主要是根据已公布的财务信息或可获取的其他公开资料进行的分析。这表示在进行该类评级时，标准普尔未与相关机构的管理层进行深度沟通，且未充分考虑关键的非公开信息。因此，这类评级的根据相较于全面评级而言，显得不够详尽。公开信息评级会依据财务报告每年进行一次审核，同时，在遇到可能对发债人信用状况产生影响的重大事件时，也会及时进行评级审核。但需注意，公开信息评级中并不包含评级展望，也不会使用"+"或"-"来进行微调。不过，在特殊情况下，如果主权评级的上限对评级有所限制，那么可能会使用"+"或"-"来进行调整。

（2）短期债券信用评级

短期债券信用评级的关键是对发行人推出的特定短期金融工具进行偿债能力的全面评估。在这一评估体系中，标准普尔为短期债务信用设定了清晰的等级划分，从最高的 A-1 级别一直延伸到最低的 D 级别。值得一提的是，A-1 级作为最高等级，还可以通过附加"+"进行微调，以更精细地反映债券的信用状况，如表 1-4 所示。

表 1-4　标准普尔短期债券信用评级等级

| 级别 | 评定 |
|------|------|
| A-1 | 偿债能力较强，为标准普尔给予的最高评级。此评级可另加"+"号，以表示发债人偿偿债能力极强 |

| 级别 | 评定 |
|---|---|
| A-2 | 偿债能力令人满意，不过相对于最高评级，其偿债能力较易受外在环境或经济状况变动的不利影响 |
| A-3 | 有足够能力偿还债务，但若经济条件恶化或外在因素改变，其偿债能力可能较脆弱 |
| B | 偿债能力较弱，且存在较高的投机性。尽管发行人当前尚具备偿债能力，但由于存在持续且重大的不确定性因素，发行人在未来可能无法足额偿还债务 |
| C | 当前存在违约风险，发债人需要依赖有利的商业、金融或经济条件才能偿还债务。或者，由于其财务境况，该发债人正受到监管，且在此期间，监管机构有权力确定某一项债务的优先偿还权高于其他债务 |
| SD/D | 若债务到期而发债人未能履行偿债责任，即便宽限期尚未结束，标准普尔也会赋予 D 评级，除非确信债款能在宽限期内得到清偿。另外，若发债人正在申请破产或已采取类似举措导致债务偿付受阻，标准普尔同样会给予 D 评级。当发债人选择性地违约某些或某类债务时，标准普尔则会赋予 SD 评级，即选择性违约评级 |

## （三）惠誉

### 1.公司历史

惠誉作为全球三大信用评级机构中的一员，独树一帜地以欧洲资本为背景，其总部横跨纽约与伦敦两大金融中心。该公司在全球布局超过 50 家分支和合资企业，并拥有庞大的分析师团队，共计 1 500 名专业人士，他们致力于为超过 100 个国家的各类实体提供深入的评级服务。

这家享有盛誉的公司起源于 1913 年由约翰·惠誉创立的惠誉出版公司。初期，该公司主要致力于金融统计数据的出版，并赢得了纽约证券交易所等重要客户的青睐。该公司的主要出版物——《惠誉债券手册》和《惠誉股票和债券指南》，成为当时金融界的权威参考资料。

随着市场对独立、客观的金融证券分析需求日益增长，惠誉在 1924 年创新性地推出了现今广为人知的"AAA"至"D"信用评级体系。这一里程碑式的成就，使得惠誉的信用评级成为固定收益投资决策中不可或缺的参考工具。

1992 年，法国上市公司 Fimalac 成功收购了惠誉，从而成为其主要的控股公司。在接下来的几年里，惠誉继续扩大其影响力，于 1997 年底与英国的 IBCA 公司合并，随后在 2000 年又收购了道衡（Duff & Phelps）以及汤臣百卫（Thomson Bank Watch）。至今，Fimalac 公司仍持有惠誉 97% 的股权，显示出其强大的控制力。2006 年，赫斯特集团（Hearst Corporation）也加入了惠誉的股东行列，收购了惠誉 20% 的股份。为了适应市场的发展和满足客户的需求，惠誉在 2008 年 1 月决定成立惠誉解决方案（Fitch Solutions）这一专门机构，致力于提供数据、分析等一系列服务，并特别关注与固定收益相关的产品及服务领域。

在备受推崇的国际调查机构 Cantwell & Co 的连续多年的报告中，惠誉被誉为全球领先的评级机构，尤其在金融机构评级方面的业务量居全球之首。在结构融资领域，惠誉在亚太区的市场占有率高达 70%。2000 年，该公司荣获国际结构融资组织颁发的"年度最佳评级机构"称号，并被认定为亚太、欧洲及美国地区的优秀评级机构。2005 年，惠誉被授予"年度评级机构"的荣誉称号。此外，惠誉（北京）信用评级有限公司在中国荣获了"2007 年度十佳金融服务机构"的称号。2020 年 5 月，惠誉成功获得了中国信用评级市场的准入资格。

2. 惠誉的业务现状

惠誉在为客户进行信用评级时，并不遵循固定的模式，而是基于前瞻性的思维和服务文化来构建其业务体系。这使得其评级服务具有以下鲜明特色：首先，惠誉始终保持着领先地位，通过创新开发针对复杂新兴证券的评级手段，并及时推出市场领先的产品来维持其竞争优势；其次，惠誉的分析团队擅长与各界进行有效沟通，对投资者的咨询能够迅速做出回应；再次，惠誉在评级方法和流程上保持着高度透明，确保针对不同类别的证券进行公正、开放的评估；最后，惠誉在研究分析中融入了独特的地区视角和见解。

与其他评级机构一样，惠誉的评级服务涵盖了企业、金融机构、结构融资及其他信用评级。

（1）企业

惠誉的企业信用评级服务具有广泛的覆盖范围，为全球多个行业的 2000 家企业提供了专业的评级支持。它的分析师团队在各自负责的领域内拥有深厚的行业经验和专业知识。每位分析师仅负责少量的评级任务，这使得他们能够更深入地进行研究和分析，确保评级结果的准确性和权威性。

（2）金融机构

惠誉长期以来在金融机构信用评级领域保持着领先地位，已经为 3500 家实体及其所发行的证券提供了评级服务，这一数字超过了任何其他评级机构。此外，惠誉还为全球 2500 家保险公司提供财务实力和债务评级。惠誉的金融机构信用评级范围广泛，不仅覆盖了银行，还涵盖了金融公司、租赁公司、证券公司以及基金管理公司等各类金融机构。同时，惠誉的金融机构信用评级部门还设有专门团队，负责为专业证券，如抵押债券等提供评级服务。

（3）结构融资

从结构融资产品的初步探索到如今愈加繁杂的债务担保证券产品，惠誉始终保持着前沿地位。在评级标准的公开性、透明度以及风险分析层面，惠誉始终展现出卓越的领先实力。市场对于惠誉的评级方法认可度很高，其全球结构融资信用评级数量持续稳定增长。

（4）其他

除了上述提到的领域，惠誉还广泛涉足市政建设、保险公司以及主权国家发行的各类证券等领域。

## 二、在英国、日本、韩国开展服务的主要信用评级机构介绍

### （一）英国

在英国开展服务的主要信用评级机构包括益博睿／益百利（Experian）、艾可菲（Equifax）和环联（TransUnion）。这些公司在英国提供信用服务和信用报告，对于需要贷款的个人和企业来说非常重要。以下是各公司的详细情况。

1. 益博睿（Experian）

（1）Experian 的发展历史

该公司于 1996 年由英国大型零售集团 GUS（Great Universal Stores）旗下信息服务巨头诺丁汉商业信用有限公司（CCN）与美国信息服务巨头 TRW IS&S 合并成立，于 2006 年从 GUS 分离，并在伦敦证券交易所上市，是 FTSE-100 的成分股之一。该公司在 1996 年合并成立前在英国和美国的分支均发展超过百年，其历史最早可追溯至现代征信的起源。通过梳理 Experian 的发展历程，我们总结

出该公司的成功路径：①依托领先并持续迭代的科技能力率先解决征信行业数据收集、储存效率不足的问题，建立先发优势；②凭借敏锐的战略眼光精准把握英国和美国无担保信用迅速扩张、美国信用卡拓展英国市场、电子商务兴起、数字化转型等时代机遇，顺应经济发展轨迹；③在本土成为龙头后与国际巨头实现业务整合、资源共享，通过连续并购开拓新兴市场，实现全球化发展。

（2）Experian 的业务范围

该公司总部位于爱尔兰都柏林，在英国诺丁汉、美国加利福尼亚以及巴西圣保罗设有运营总部，并在北美、拉丁美洲、英国和爱尔兰，以及欧洲、中东、非洲、亚太区域开展业务。该公司收集、处理以及管理来自全球的个人及企业用户数据，并向个人消费者及企业用户提供信息服务：针对企业端（B 端），该公司帮助企业用户利用数据做出更优决策；针对消费者端（C 端），该公司帮助个人消费者更好地了解自身信用情况、更便捷地获得金融服务。

2. 艾奎法克斯（Equifax）

总部设在美国的 Equifax 在英国同样拥有较大的业务规模。它提供的服务包括信用评级、欺诈检测、数据分析和身份验证等。Equifax 的信用报告是英国消费者获取个人信用记录的一种方式。

3. 环联（TransUnion）

这是一家总部位于美国的知名信用评级公司，它在英国的市场份额较大。TransUnion 提供信用报告、身份验证、欺诈检测和数据分析等服务。其信用报告可以帮助用户了解自己的借贷历史、信用评分、信用卡欠款和还款记录。

除了上述三家主要机构，还有其他一些信用评级公司，如 Callcredit 和 Crediva。它们各自提供信用评级、身份验证、欺诈检测和营销数据等服务，以及信用报告，帮助用户了解自己的信用历史、债务、银行账户和手机号码等信息。

（二）日本

日本的两家本土评级机构日本格付研究所（Japan Credit Rating Agency, Ltd.，简称 JCR）和格付投资情报株式会社（Rating and Investment Information, Inc，简称 R&I）所采用的信用等级符号体系与国际三大评级机构基本类似。

1. JCR

自 1985 年成立以来，JCR 凭借 5.84 亿日元的注册资金稳扎稳打，不断发展壮大，其总部设在日本东京。该公司的主营业务包括长期和短期债务评级（含中期票据与资产支持证券评级）、研究国内外金融市场和行业趋势、分析外国政策与经济形势，以及发行与评级相关的出版物和提供信息服务。在日本，公开评级的发行人中有 600 家选择 JCR 进行评级，使其占据了金融行业超过 70% 的市场份额。此外，JCR 还为 200 多家外国发行人提供评级服务。

2. R&I

R&I 是由日本债券研究所（JBRI）和日本投资者服务公司（NIS）两大评级机构于 1998 年合并而成的，总部位于日本东京，注册资本为 5.88 亿日元。该公司的业务范围十分广泛，主要包括信用评级工作（如对贷款和债务工具的评级），对金融与资本市场以及海外商业趋势的深入研究与分析，在资产管理领域进行研究与分析，为养老基金管理提供绩效评估及咨询服务，进行财务与信誉评估分析，并在前述领域内提供信息服务。

2007 年 9 月，R&I 成功在美国证券交易委员会注册，成为"全国认定的评级组织"（NRSRO）的一员。然而，由于美国监管环境的日趋严格，R&I 在 2010 年 6 月选择放弃了 NRSRO 的资产支持证券注册资格，随后在 2011 年 11 月完全退出了 NRSRO 的所有资质。尽管如此，R&I 成功通过了日本金融服务局的注册审核，成为一家正式注册的评级机构。此外，该公司还获得了中国香港金融管理局、日本金融服务局以及马来西亚中央银行的认可，并被指定为合格的外部信用评级机构。

### （三）韩国

韩国 3 家主要信用评级机构分别为韩国投资服务公司（Korea Investors Service，KIS）、韩国评级公司（Korea Ratings，KR）和尼斯投资者服务公司（Nice Investors Service，NICE），其信用等级符号体系除了长期评级符号的微调范围有所区分，其余基本一致。

## 三、中国主要的信用评级机构介绍

中诚信国际信用评级有限责任公司（简称中诚信国际）的前身是中国诚信证

券评估有限公司，于 1992 年 10 月经中国人民银行批准设立，成为中国首家从事信用评级、金融证券咨询及信息服务的全国性非银行金融服务机构。

大公国际资信评估有限公司（简称大公国际）自 1994 年成立以来，一直作为中国人民银行和原国家经济贸易委员会（现商务部）联合授权的全国性信用评级机构，拥有政府监管部门授予的全套评级资格，具备对中国资本市场各类债务工具及参与主体进行全面信用评级的能力。

上海新世纪资信评估投资服务有限公司（简称新世纪评级）成立于 1992 年 7 月，是全国第一家获得中国人民银行、国家发展和改革委员会（简称国家发改委）、原中国保险监督管理委员会（简称保监会，现国家金融监督管理总局）、中国证券监督管理委员会（简称中国证监会）等所有监管机构认可、具有全部评级资质的信用评级机构，市场知名度和声誉度较高。

联合信用评级有限公司（简称联合资信）成立于 2002 年 5 月，是国内专业从事资本市场信用评级业务的全国性公司之一，长期专注于中国信用评级市场的研究和实践工作，先后获得国家发改委和中国人民银行的认可，开展相关信用评级业务。

远东资信评估有限公司（简称远东资信）成立于 1988 年 2 月 15 日，是中国第一家社会化专业资信评级机构。远东资信资质完备，拥有中国人民银行、国家发改委、中国证监会、中国银行间市场交易商协会和中国保险资产管理业协会等监管部门和行业自律机构认定的评级资质，已实现境内市场全牌照经营。

中债资信评估有限责任公司（简称中债资信）成立于 2010 年。作为中国政府在 G20 会议上承诺推进评级业改革的重要举措，作为国务院规范发展评级机构有关精神的实施路径，在中国人民银行的部署下，由中国银行间市场交易商协会代表全体会员出资设立中债资信，旨在通过探索投资人付费营运模式，有效切断评级机构与评级对象之间的利益链条，保障评级机构运作的独立性。经过十余年的创新发展和业务实践，中债资信组建了结构合理、规模庞大的分析师团队，以专业化、精细化分工持续提升业务质量，形成了一套既面向全球又符合中国国情的全新评级原理，搭建了行业领先的技术体系，建立了涵盖宏观债市、信用技术、行业与企业风险、结构融资、绿色金融等领域在内的研究体系。以此为基础，中债资信在债券市场信用风险监测、分析、预警方面的作用逐步显现。在评级认证领域，中债资信率先实现了对国内债券市场5 000余家发债企业的评级全覆盖，是目前国内唯一实现银行间市场信贷资产证券化项目评级全覆盖的机构，它以客观、公正的评级结果为基础，推出了更科学、合理的信用债、资产支持证券估值定价体系。在地方债领域，该公司作为首批开展地方政府债券信用评级业务的评级机构之一，持续助力地方金融生态环境改善与地方经济发展。在信用信息综合服务领域，该公司积极响应市场需求，不断推进产品创新，持续为市场提供覆盖信用评级、风控、投资、资管等全业务环链，多层次、立体化、智能化的信用信息一站式服务。

## 四、信用评级机构的选择、监管和评级资格认定

信用评级机构在信用管理领域中扮演着举足轻重的中介角色，其运营需恪守真实性、一致性、独立性和稳健性的原则。它们的主要职责是向资本市场的授信方和投资者传递各类基础与补充信息，进而执行信用管理的任务。为了实现这一目标，评级机构会动用其专业团队，广泛收集、系统整理、深入分析并分享众多经济实体的财务状况、信用历史以及储备的企业或个人资信数据。这些数据涵盖了恶性债务记录、破产诉讼案件、违约行为历史以及未能履行法院判决的不良记录等。该类信用评级活动可逐渐构建起对经济实体和个人信用的有效约束与监督机制。

### （一）企业选择信用评级机构的参考因素

信用评级是一种由专业机构针对企业特定债务在其偿还期限内进行的及时偿付能力和偿付意愿的评估活动。它的核心目标是揭示企业违约的相对风险以及债权人在违约后可能遭受的损失程度，并以简洁的方式将这些信息传达给市场。在全球各地的资本市场中，信用评级是投资者做出决策时的关键参考，特别是在固定收益证券，如企业债券和可转换公司债券等领域。信用评级不仅成为确定债券利率和确保债券发行成功的必要条件之一，在中国资本市场日益成熟的今天，它还能有效提升发行企业的知名度，并提高证券市场的整体效率。信用评级之所以广受投资者信赖并在证券市场上发挥重要作用，是因为其基于评级机构的专业分

析，所得结论具有权威性、公正性和客观性。因此，企业在选择信用评级机构时，必须特别关注以下几点。

1. 在证券市场具有良好声誉，受到投资者广泛认可

作为提供评级意见的主体，信用评级机构应当树立优良的市场形象。在秉持为投资者提供服务的宗旨下，其所给出的评级意见务必客观、公正，准确揭示企业的风险状况。

2. 具备雄厚的技术力量和完整的评级体系

评级机构能够提供具有权威性意见的根基在于其强大的技术实力和完备的评级体系。评级机构具备高素质的评级团队以及坚实的技术后备支撑，能够确保对各行各业企业进行深入透彻的分析；同时，评级机构针对不同市场构建的全面评级体系，能够保障评级意见的一致性和连贯性。

3. 长期的信用评级经验及良好的发展前景

信用评级在很大程度上依赖于主观判断，因此，只有通过长时间的积累和经验沉淀，评级机构才能精准地把握企业的风险，并据此给出受投资者信赖的评级意见。对于那些长期活跃在资本市场中的企业来说，它们希望所选择的评级机构能够持久存在，并在资本市场中发挥深远的影响。

4. 评级机构的评级意见具有广泛的影响力

企业进行信用评级的核心目标之一是实现资本融资。因此，评级机构所提供的意见必须在国际和国内资本市场上具有广泛的影响力，这样才能有效地帮助企业提升知名度、拓宽融资渠道，进而实现其融资需求。

## （二）信用评级机构的监管及评级资格认定

1. 信用评级机构的设立监管

根据我国 2019 年所发布的《信用评级业管理暂行办法》第九条，设立信用评级机构，应当符合《中华人民共和国公司法》规定的公司设立条件，自公司登记机关准予登记之日起 30 日内向所在地的信用评级行业主管部门省一级派出机构（简称备案机构）办理备案，并提交以下材料：信用评级机构备案表；营业执照复印件；全球法人机构识别编码；股权结构说明，包括注册资本、股东名单及

其出资额或者所持股份，股东在本机构以外的实体持股情况，实际控制人、受益所有人情况；董事、监事、高级管理人员以及信用评级分析人员的情况说明和证明文件；主要股东、实际控制人、受益所有人、董事、监事、高级管理人员未因犯有贪污、贿赂、侵占财产、挪用财产罪或者破坏社会主义市场经济秩序罪，被判处刑罚，或者因犯罪被剥夺政治权利的声明，以及主要股东、实际控制人、受益所有人的信用报告；营业场所、组织机构设置及公司治理情况；独立性、信息披露以及业务制度说明；信用评级行业主管部门基于保护投资者、维护社会公共利益考虑，合理要求的与信用评级机构及其相关自然人有关的其他材料。

备案机构可以对高级管理人员和主要信用评级分析人员进行政策法规、业务技能等方面的监管谈话，以评估其专业素质的合格性。

根据第十条，信用评级机构设立分支机构的，自该分支机构成立之日起30日内，信用评级机构应当向原备案机构、信用评级机构分支机构应当向备案机构分别办理备案，并提交以下材料：信用评级机构分支机构备案表、信用评级机构分支机构营业执照复印件、信用评级机构分支机构营业场所及组织机构设置说明、信用评级机构分支机构高级管理人员和信用评级分析人员情况说明和证明文件。

根据第十一条，信用评级机构应当自下列事项变更或者发生之日起30日内，向备案机构办理变更备案：机构名称、营业场所；持有出资额或者股份5%以上的股东，实际控制人、受益所有人；董事、监事、高级管理人员、信用评级分析人员；按照法律法规、行业主管部门和业务管理部门的规定开展相关市场信用评级业务；不再从事信用评级业务。信用评级机构分支机构涉及第一项、第三项和第五项事项变更或者发生的，信用评级机构及其分支机构应当自相关事项变更或者发生之日起30日内向各自的备案机构办理变更备案。

根据第十二条，信用评级机构解散或者被依法宣告破产的，应当向备案机构报告，并按照以下方式处理信用评级数据库系统：与其他信用评级机构约定，转让给其他信用评级机构；不能依照前项规定转让的，移交给备案机构指定的信用评级机构；不能依照前两项规定转让、移交的，在备案机构的监督下销毁。

第十三条指出，业务管理部门对有关信用评级业务资质另有规定的，从其规定。

2. 信用评级业务的资格认定

根据我国 2019 年发布的《信用评级业管理暂行办法》第三十三条，信用评级机构、信用评级从业人员应当在对经济主体、债务融资工具本身风险进行充分分析的基础之上独立得出信用评级结果，防止评级结果受到其他商业行为的不当影响。

根据第三十四条，信用评级机构与受评经济主体或者受评债务融资工具发行人存在下列情形之一的，不得开展信用评级业务：信用评级机构与受评经济主体或者受评债务融资工具发行人为同一实际控制人所控制，或者由同一股东持股均达到 5% 以上；受评经济主体、受评债务融资工具发行人或者其实际控制人直接或者间接持有信用评级机构出资额或者股份达到 5% 以上；信用评级机构或者其实际控制人直接或者间接持有受评经济主体、受评债务融资工具发行人出资额或者股份达到 5% 以上；信用评级机构或者其实际控制人在开展评级业务之前 6 个月内及开展评级业务期间买卖受评经济主体或者受评债务融资工具发行人发行的证券等产品；影响信用评级机构独立性的其他情形。

根据第三十五条，信用评级机构应当建立回避制度。信用评级从业人员在开展信用评级业务期间有下列情形之一的，应当回避：本人、直系亲属持有受评经济主体或者受评债务融资工具发行人的出资额或者股份达到 5% 以上，或者是受评经济主体、受评债务融资工具发行人的实际控制人；本人、直系亲属担任受评经济主体或者受评债务融资工具发行人的董事、监事或者高级管理人员；本人、直系亲属担任受评经济主体或者受评债务融资工具发行人聘任的会计师事务所、律师事务所、财务顾问等服务机构的负责人或者项目签字人；本人、直系亲属持有债务融资工具或者受评经济主体发行的证券金额超过 50 万元，或者与受评经济主体、受评债务融资工具发行人发生累计超过 50 万元的交易；信用评级行业主管部门和业务管理部门认定的足以影响独立、客观、公正原则的其他情形。

根据第三十六条，信用评级机构应建立完善的公司治理机制，确保其主要股东及实际控制人在出资比例、股权比例或投票权等方面不存在足以影响评级独立性的情形。信用评级机构应当建立清晰合理的内部组织结构，建立健全防火墙，确保信用评级业务部门独立于营销等其他部门。信用评级机构应当建立独立的合规部门，负责监督并报告评级机构及其员工的合规状况。

# 第三节　信用评级的程序与原则

## 一、信用评级的程序

若缺乏严格且合理的流程，信用评级便无法得出科学、有效、客观及公正的评判。信用评级的流程对投资者判断风险至关重要，同时也关乎评级机构的业务成败。因此，评级机构需建立严谨的流程来确保其评级结果的准确与可信赖。

### （一）国际评级机构的评级程序

国际评级行业已历经百余年发展，相较之下，国内评级机构的起步时间较晚，尚未形成显著的品牌影响力。因此，要更深入地理解评级流程，我们可以从分析国际知名评级机构的评级程序入手。接下来，以穆迪和惠誉两家机构在证券发行评级方面的实践为例，对国际知名评级机构的评级过程进行简要阐述。

#### 1. 穆迪的评级程序

穆迪在进行评级时，会全面考虑所有风险因素及相关观点，并进行深入分析，据此得出评级结果。在分析过程中，穆迪特别关注影响现金流生成的关键因素，尤其是现金流的稳定性和可预测性。对于证券信用评级，穆迪的分析师会遵循以下程序进行。

##### （1）收集充足的信息，初步评估风险

若证券为首次接受评级，评级流程通常自见面会或电话会议开始启动。穆迪将利用此类场合向信用工具的发行人阐明其评级流程和评级标准，同时分享一些额外信息，如特有的或专门的数据分类，旨在提升发行人对评级机构的理解。这一环节致力于实现最大程度的透明度，确保发行人充分领会穆迪的评级方法和程序。

对于首次接受评级的公司，首次会议往往在其总部进行，持续时间为半天至一天。根据评级对象的特性，穆迪可能会进行现场考察。在召开会议前，分析师会与发行者预先讨论会议日程，明确所需提供的资料。会议将涵盖发行者的多方面背景信息，包括公司历史与发展轨迹、行业趋势、国内政治与监管环境、管理

层的素质与经验、公司管理架构、运营状况与竞争地位、企业战略与理念、债务结构（含结构性次级债和优先受偿权）、财务状况及流动性分析（如现金流稳定性、可预测性及偿债能力、营业利润率、基于债务状况的资产负债表分析）。

在该次会议中，穆迪的代表将与发行人的管理层进行深度对话，旨在核实信息的真实性。会议结束后，穆迪的分析师将根据进一步的分析，与发行人开展更多讨论，以便收集接下来所需的信息。当所有可获取的信息被全面搜集和整理之后，分析师将运用科学方法对这些信息进行综合研判。在综合分析结束后，他们会把初步的评级结果提交给评级委员会，以供其参考。

（2）评级委员会的成员进行讨论，最终确定等级

穆迪在全面分析完成后，会召集相关领域的资深专家组成评级委员会。这些成员具备深厚的学识、丰富的经验，并对评级对象有着深入的了解。穆迪会根据证券发行规模、信用工具的复杂程度、新分析工具的需求，以及是否存在市场衍生产品或相关主权证券等因素，来确定评级委员会的成员规模。这样做有助于将决策过程与整体市场态势相协调，进而推动全球评级标准的一致性。

在评级委员会的会议上，分析小组的负责人会详尽阐述所提议的评级建议，而评级委员会成员则会针对这些内容进行质询，以确保所有与信用相关的问题都得到全面探讨。评级委员会的会议记录受到严格保护，只有参与分析的相关分析师才有权查看。

发行人对穆迪保密机制的信任是评级流程顺利进行的必要条件。穆迪郑重承诺，除非是为了制定公开发布的评级意见，否则绝不泄露发行人的任何机密信息。

（3）评级结果的公告

在评级委员会做出决议并确定信用等级后，穆迪会向发行人传达评级结果及其依据。该结果将在全球各大财经媒体上同步揭晓，并同时在穆迪的全球官方网站以及各个地区的分支网站上公布。

（4）持续追踪证券评级与等级调整决策

在发布评级结果之后，穆迪会持续与受评企业管理层进行沟通，确保每年至少有一次面对面的交流机会，并根据突发情况和行业动态等因素适当增加交流频次。分析师将通过电子邮件、电话等多种方式与发行人保持常态化联系，以便及

时回应其需求或解答其疑问。自各媒体首次披露发行人的评级结果起，穆迪还会在每个季度发布关于该发行人的观点摘要。针对某些特别活跃的发行人，穆迪还会在每年发布一份详尽的分析报告。任何后续的评级活动或预期的评级变动都将通过媒体对外宣布。

2. 惠誉的评级程序

一般而言，惠誉的评级流程会遵循以下步骤展开。

（1）评级的发起

惠誉在决定是否为发行人提供评级或保持其当前评级时，并不只考虑发行人的起始状况，而是着重于是否有充分的信息能够揭示出发行人、相关实体或特定交易的信用可靠性。如果现有的公开及非公开信息均不足以支持形成明确的评级观点，惠誉将选择不对该发行人进行评级或维持其当前评级。

（2）评级小组的成立

在评级活动开始之前，需要组建一支评级小组，这个小组中会明确一位主导分析师，并且通常会为其配备一位助理分析师以提供支持。在为企业进行信用评级时，主导分析师将带领团队进行深入分析，提出初步的评级意见，并在评级公开期间持续对受评企业进行监督。对于结构融资项目的评级，主导分析师的职责相似，但会将持续监督任务转交至专门的监督分析师。然而，在某些评级小组中，主导分析师也可能会负责日常对评级对象的监督工作。

（3）收集评级信息

惠誉的评级决策和分析都基于与评级对象密切相关且经过严格筛选的信息，这些信息对于评级和分析具有关键作用。这些信息的来源非常广泛，通常包括评级对象公开的信息、监管机构发布的报告、行业和经济报告，以及可能来源于评级对象、赞助方或其他第三方提供的信息。这些信息内容多样，可能包含背景资料、预测数据、风险报告或推荐的分析研究等。

在某些情况下，惠誉的分析师会与发行人的管理层进行面对面的交流，进行现场考察，或通过电话会议等方式参与评级。为了确保会议的有效性，分析师会提前列出重要的议题和讨论点，并制定会议议程。其他未解决的问题可以在讨论中提出或通过后续的补充会议来解决。

在信息收集和分析工作完成之后，主导分析师会整合评级小组的研究成果，提出评级建议，并将相关的支持材料与评级建议一起提交给评级委员会。同时，主导分析师还会与评级对象保持沟通，以解决任何疑问或获取额外的信息。

（4）评级委员会评审

惠誉的评级结果审查与最终决策由评级委员会负责，该委员会由至少4名成员组成，且必须包含1名在惠誉有6~7年工作经验或具备多年信用市场相关经验的高级主管或更高级别专家。主导分析师常作为评级委员会的备选成员，其他成员则根据其专业经验进行遴选。此外，评级委员会必须吸纳来自外部的分析人员。新入职惠誉的分析师在前3个月内以观察员身份参与评级委员会会议，但不具备投票权利。

评级委员会会对主导分析师所提交的资料进行深入研讨，对评级对象进行定性和定量的全面评估。评级委员会将基于发行人的违约风险以及违约情境下对不同债务的预期恢复能力来做出决策。同时，评级委员会还会就评级的关键焦点和评级展望达成共识。

若评级委员会成员在讨论中无明显分歧，将为评级对象赋予相应的信用等级，并将此结果通知发行人或其他利益相关方。若存在尚未解决的问题，则需在问题解决后重新召开评级委员会会议以确定最终的评级结果。当评级委员会无法形成一致意见时，可依照申诉程序对评级进行更深入的审议。此外，若发行人及时提供了与评级相关的额外信息，他们也有权要求进行评级的重新审查。

惠誉致力于高效完成新的评级工作，并努力在两个工作日内完成对现有评级的审核工作。若在此期间无法完成审核，该评级通常会被标记为受关注。新评级所需的实际时间因情况而异，受到多种因素的影响，如评级对象提供所需材料的速度、信息是否可从公开渠道获取以及评级审核信息的反馈时间等。惠誉在满足评级质量要求的前提下，竭尽所能地满足客户的需求。通常情况下，惠誉需要4~8周的时间来撰写一份详尽的评级报告，但具体时间也会根据评级领域和分析类型的差异而有所调整。

（5）公布评级结果

在评级审议结束后，假如发行人选择公开其评级结果，无论是初次评级还是后续的评级调整，惠誉都将在其官方网站上公布所有关于评级状态的决策，并同时通过各大新闻媒体向公众披露。这些关于评级流程的阐释为评级决策以及评级过程中所采用的相关标准提供了恰当的诠释。此外，惠誉采用的评级准则、方法以及专题报告均可通过其官方网站进行查阅。

（6）评级监测

除了评估特定时间点的评级结果，惠誉还会对评级进行不间断的监控。各个分析团队会紧密跟踪任何可能对评级产生影响的商业、财务、运营等方面的信息，并依据相关的评级准则和方法，对现有评级进行重新考量。举例来说，一旦评级对象的运营或财务状况出现恶化，或是发生并购、资产剥离、大规模股份回购等情形，惠誉会立刻启动对应的评级审议流程。这样的审议过程是一个持续不断的活动，旨在保障评级结果的精确性和时效性。同时，评级结果也会定期接受正式的复查，以确保其始终符合惠誉的评级标准和要求。

（7）评级的撤回

惠誉具备完全独立的决策权，可自主决定是否撤销及何时撤销某一项评级。因此，基于多种缘由，惠誉有权随时选择撤销评级。举例来说，倘若缺乏必要信息或市场关注度不充分，惠誉或许会决定撤销评级报告。撤销评级往往需要经过评级委员会的审慎讨论，并遵循惠誉的内部程序执行，除非所涉及的债务评级期限已满或发行人/实体已不再存续。

在债务尚未到期及/或被评单位仍在持续运营的情形下，若惠誉做出撤销评级报告的决定，它将公开发布通知，阐明当前的信用等级，并宣告即将撤销该评级报告。此后，惠誉将终止为该发行人或被评单位进行任何形式的评级或分析工作，并停止提供相关的评级支撑与阐释。

**（二）信用评级的基本程序**

评级机构在进行评级操作时，虽然具体程序可能因机构而异，但通常都会遵循一些基本的步骤（图1-1）。这些步骤可以概括为以下七个主要阶段：①前期准备；②信息收集与处理；③评级委员会确定等级；④通知评级对象；⑤复评阶段（非必需环节）；⑥评级结果的公布或保存；⑦跟踪评级。

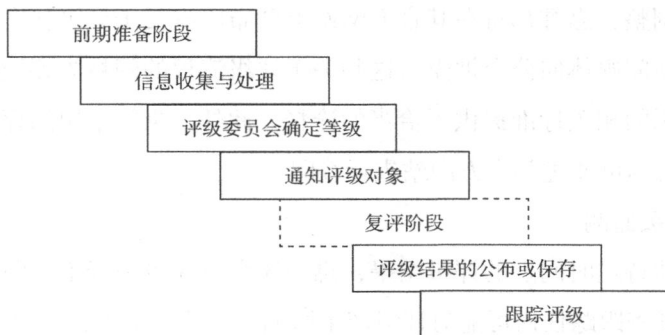

图 1-1　信用评级的基本步骤

1. 前期准备

（1）企业主动提出申请

除了评级机构自主启动的评级流程，目前大多数的评级活动都是由被评企业主动发起的。因此，评级的流程通常将企业递交申请作为起点。在常规操作中，企业需要填写详尽的《企业信用评级业务申请表》，并附上相关的全套证明材料。

（2）评级机构审核并接受申请

评级机构在收到申请企业的委托后，首要步骤是安排业务人员进行初步的资质审核。这一审核的主要目的是确认评级机构是否有能力遵循相关监管规定和职业道德标准，以独立、客观、公正的态度对申请企业进行信用评级，并确保机构拥有完成评级所需的资源和实力。在初步审核阶段，业务人员需严格遵守利益冲突回避等相关规定。例如，若评级机构与申请企业存在潜在的利益冲突，则不应接受该评级委托。同时，评级机构内部应设立专岗，负责监督评级项目的法律与合规性。

若评级机构决定受理申请，双方需签署正式的信用评级服务合同。该合同是双方业务往来的法律基石，其中必须清晰界定双方的权利与义务。此外，申请企业还需依照合同约定，支付相应的信用评级费用。

2. 信息收集与处理

（1）成立评级小组

评级机构会根据评级对象的具体状况，组建专门的评级小组，并由满足条件的人员出任小组领导。通常情况下，由部门主管来组织并成立评级小组，在有需要时还会向上级领导汇报并征求意见。评级小组一般由 3~5 名成员构成，不过，对于特定项目，小组成员数量可能会依据实际需求进行相应的调整。为保障评级的专业水准和公正性，评级机构需在其官方网站上公布专业分析人员的资质信息和相关职业背景。

①评级小组组建的基本原则。总体而言，评级小组是执行评级任务的中坚力量。因此，在实际评级过程中，能否迅速且恰当地组织评级小组，直接关系到评级结果的优劣。通常，评级机构在组建评级小组时需遵循以下核心原则。

第一，明确领导责任的原则。评级业务包含收集信息、与企业进行交流、对企业进行考察、形成意见、撰写报告及正式发布报告等诸多步骤，整个过程需要 1~2 个月。为确保在此期间与企业的顺畅沟通及团队内部的高效协作，必须清晰指定评级小组的领导者。对于那些至关重要且错综复杂的项目，评级机构或许会指派部门经理、副总经理甚至总经理出任项目团队领导，以保障评级工作的有序、高效推进。

第二，团队能力互补的原则。评级工作涵盖多方面的知识，如行业分析、财务管理、技术评估、管理咨询及金融理解等。鉴于个人的知识和能力有限，单独的评级人员难以全面掌握所有必需的基础知识。因此，评级小组通常由 2~3 名成员组成，且整个团队需具备金融、财务、证券、投资和评估等领域的专业知识。每名成员可在特定领域内拥有专长，从而实现知识和技能的互补，确保评级工作的深入进行，并提升评级的准确度。一般而言，项目团队应至少包含 1 名对评级对象所在行业有深刻认识的分析师和 1 名精通财务分析的分析师。此外，为了提高工作效率，还需在年龄和性别结构等方面寻求互补性。在必要时，评级机构还会邀请外部的行业专家提供咨询，为评级团队的工作提供更加科学、精确的判断基础。

第三，团队灵活配置的原则。作为评级工作的核心执行团队，评级小组的成员组合应具备灵活性。这意味着，在一个项目中可能是这几名成员，但在下一个项目中可能需要根据实际情况调整其中部分成员。评级小组的构建应着眼于不断挖掘和利用评级人员的个体优势和特长。

此外，为了保持有效的监督和平衡机制，评级小组的成员构成也不应过于固定。

②评级小组的成员资格。遵循《信贷市场和银行间债券市场信用评级规范》的指引，评级小组的成员必须符合以下标准：应当道德高尚、公正不阿，并严格遵循职业操守；必须严格遵守国家法规及信用评级行业的自律规范，且未曾因与信用评级相关的行为而受到重大的刑事或行政处罚；需具备金融、财务、证券、投资、评估等至少一个领域的专业知识；需要有至少1年的评级业务经验，以确保能够胜任信用评级任务，对于有特殊要求的项目，还需展现相应的专业技能；必须与评级对象（即发行人）保持利益无关和中立关系。

根据《信贷市场和银行间债券市场信用评级规范》的要求，评级小组的负责人还需累积参与至少5个信用评级项目，并拥有3年以上信用评级业务的实践经验。这些严格的规定共同确保了信用评级工作的专业水准和公正性。

③评级小组成员的责任和分工。为了更有效地推动评级流程，评级小组的每名成员都应明确自身的职责，并切实担负起这些责任。

第一，评级小组的职能。评级小组的主要使命是全面完成评级项目的所有环节。具体来说，评级项目包括以下几项核心任务：与被评级企业进行基本评级安排的协商，并确定费用及其支付方式（若市场业务人员已预先完成此步骤，则可省略）；进行初步的信息收集，并制订详尽的调查计划；执行深入的现场调查；在充分探讨后，撰写信用评级报告；向信用评级委员会报告并决定最终评级；保持与被评企业的持续交流；与投资者进行有效的沟通；进行后续的跟踪评级工作。

第二，评级小组的分工。合理的任务分配对于提高评级工作的效率、充分利用每名团队成员的优势具有举足轻重的意义。因此，在组建评级小组之后，项目负责人应根据具体项目的需求和团队成员的专长来进行科学的任务分配。

任务分配可以采用两种主要模式：一是水平分工，即依据报告撰写的内容来分配工作，如行业分析、财务分析、运营管理分析等。在这种分工模式下，每名团队成员可以专注于自己负责的部分，进行资料搜集、调研提纲的制定、实地调研以及核心观点的构思与研究，并最终负责撰写相关部分的报告。二是垂直分工，即依照评级工作的不同流程来分配任务，如资信调研、报告撰写与修订等。当评级小组的成员都具备丰富的经验时，这种分工模式值得考虑。

不论采用哪种分工模式，项目负责人都应肩负起主导责任，确保整个评级项目的顺利完成。然而，评级工作并非项目负责人一人所能完成，而是需要整个团队的协作努力。因此，在分工协作的基础上，项目负责人应充分调动团队成员的积极性和创新性，强化沟通与协作。这就要求在工作进程中多进行交流、总结以及对未来工作的规划，同时对分工撰写的调研提纲、报告的核心观点和文稿进行反复的修订和完善。只有这样，才能确保评级小组在集思广益的基础上，高质量地完成任务。

此外，在与企业进行沟通时，评级小组应指定一位主要发言人，通常由项目负责人担任。其他团队成员在需要时可以进行补充发言或按照预先的安排进行发言，以确保沟通顺畅且富有成效。

（2）信息收集

在承接评级任务并组建专业评级小组之后，信用分析师需要对各类经济环境和经营背景有深入的理解和认识，这包括会计准则、行业惯例以及发行人所处的特定行业和面临的具体业务风险。根据合同条款，被评企业需要提供经注册会计师审核的财务报告及其补充资料，这些资料可能包含公开发布的招股章程、之前提交给监管机构或股票交易所的文件，以及与企业运营状况密切相关的详细信息，甚至包括一些非公开的资料，如市场份额、生产计划和价格策略等。信用分析师将结合被评企业提供的资料和自身独立收集的信息进行初步分析，以发现资料中的遗漏、不足或错误，并通知评级对象（即发行人）进行必要的修正。如有必要，信用分析师还可以向相关部门请求获取关于企业的额外信息并进行深入研究。通过深入的研读和分析，信用分析师应全面了解企业的基础情况，形成初步的评级意见，进而制定评级调查大纲，并据此展开信用调查工作。

（3）信息处理

评级数据是评级工作的基石，其正确处理对于评级流程的顺畅和评级质量的保证至关重要。这涉及数据的确认、验证、录入和审核等多个步骤。评级机构通常会为评级对象建立专门的数据库和相应的数据计算程序。

评级机构的数据库主要包含两大类数据。第一类是评级对象的直接数据，这些数据是评级服务的基础，通常由评级对象在具体评级过程中提供。这些数据包括企业注册信息、员工结构、资产负债情况、产品销售详情、经营管理现状、技术研发动态、未来展望、整体财务状况以及债券发行等相关信息，为评级工作提供了原始材料。第二类则是评级过程中需要的支持性数据，主要包括行业发展统计数据、特定企业公开信息（如上市公司中报、年报）以及金融机构的各类公开信息等。这些数据为评级机构在具体业务中提供了宝贵的参考，有助于分析人员深入理解行业发展状况，从而提高评级服务的质量和评级结果的精确性。

在数据处理环节中，还有一个重要步骤是选择与被评企业相似的 5~10 家企业进行比对分析。这些企业应属于同一行业，且经营规模和模式相近，以确保具有较高的可比性。通过这样的比对分析，分析人员能够更精确地识别被评企业的特点，从而确保评级的准确性。

3. 评级委员会确定等级

（1）基本观点的讨论和形成

评级报告的构建严格依循评级基本观点，这一观点的确立过程深深根植于科学的方法论，并极度重视持续不断的讨论和沟通环节。评级观点全面涵盖了对发行证券企业的综合性评估，其中尤为核心的是对企业的风险状况、管理效率、市场竞争地位以及运营合理性等方面的深入剖析。

在资料收集完备的基础上，评级小组依据与评级对象相适应的评级指标框架和分析方法，对获取的评级资料进行深度解析。分析人员系统地评估评级对象的经营环境适应性、经营能力和现状表现、财务稳健度、承受及抵御风险的能力等。针对特定行业的评级目标，分析人员还需特别分析该行业内特有的驱动因子和影响要素。在债券及其他类似金融工具的评级过程中，分析人员着重探究发债主体的筹资目的合理性、偿债能力等核心议题；若有担保或抵押安排，分析人员同样会对这些保障措施进行全面、细致的价值评判。为保证评级结果的一致性和公正性，评级工作先实施定量评价，通过对定性和定量指标的量化处理，得出具体分数和评级层级，并据此撰写信用评级报告。报告完成后，交由评级委员会审议讨论。按照规范流程，从启动评级工作到初步完成一份针对单一实体或债券的信用评级报告，所需时间至少为 15 个工作日；而对于包含多家关联公司在内的集团企业评级或复杂债券产品评级，则要求不少于 45 个工作日的严谨分析周期。

（2）评级委员会确定等级

在金融市场中，评级委员会扮演着极其重要的角色。它负责审定整个信用评级体系并且对信用等级的确定起到决定性作用。这一机构不仅影响着评级机构内部的决策流程，也对外界，尤其是投资者和其他市场参与者的决策有着深远的影响。

①评级委员会的组成和职责。根据中国证监会发布的《证券市场资信评级业务管理暂行办法》，证券评级机构应当建立评级委员会制度，以确保信用评级的准确性和权威性。评级委员会是确定评级对象信用等级的最高机构，其成员通常由具有丰富经验的评级人员、评级机构的高层管理人员以及资深的分析师共同组成，其中包括 1 名主任委员和 2~3 名副主任委员。

评级委员会的核心职责在于对提交的初步评级报告进行细致的审查，基于此来做出最终的信用等级决策，此外，评级委员会还负责制订和持续完善评级方法与标准，确保评级工作的高效进行。同时，评级委员会也需要指导评级小组的日常工作，确保其遵循评级机构制定的评级方法与标准，并在必要时对评级观点进行协调。除此之外，评级委员会还承担着审定信用评级报告和相关研究报告的职责，并对这些报告的质量进行评估。

在履行职责过程中，评级委员会成员必须坚守独立性、客观性和公正性的原则，严格保密评级机构及客户的相关信息。

②评级委员会的决策过程。评级委员会的日常工作主要集中在对信用等级和评级报告的审核上。评级报告的起草和撰写工作由专门的评级小组负责。为了确保评级报告的准确性和一致性，在正式提交给评级委员会讨论之前，评级小组需要进行充分的研究和严格的校对。报告在完成编写后，会被先提交给小组负责人进行审阅，之后才被正式交至评级委员会的秘书处，被安排在评级委员会的会议上进行讨论。

信用评级机构会定期召开评级委员会会议，集中研讨相关的评级项目。在该类会议上，评级项目负责人或其委派代表必须向评级委员会详尽汇报项目的综合情况，涵盖项目主体及其所关联企业的基本情况、核心的风险因素和竞争优势，以及建议授予的信用级别等内容。汇报完毕后，评级委员会成员针对汇报内容展开质询，可能涉及对报告中提及疑问的澄清、评级判断的合理性验证，以及评级程序的合规性审查等环节。面对委员的问询，评级小组需现场给予回应和解释。待所有委员发表完意见后，评级委员会主席将依据汇总的意见，决定是否需要进一步深入探讨、启动投票流程，抑或要求评级小组对报告进行补充完善甚至重大修订。如果评级项目被识别出存在重大疑点或争议，评级小组则需继续收集信息，调整报告内容，逐一解答委员提出的质疑。尽管不同的委员在某些议题上可能存在不同的看法，但目标是通过充分讨论以求得更广泛的共识，力求在关键问题上的意见趋于一致。当各方达成共识且重要异议得以消除后，委员将进入信用等级的投票阶段。投票结果遵循多数决原则或加权平均原则，以此来确定最终的信用评级。根据《信贷市场和银行间债券市场信用评级规范》，评级结果须经三分之二以上的与会评审委员会同意方为有效。

4. 通知评级对象

在评级决定最终敲定后，评级小组会正式向被评实体或企业通报评级结果，并详细阐述得出该评级结果背后的逻辑和关键依据，确保评级对象能透彻理解评级委员会所参考的主要指标和分析要点。倘若评级对象对公布的评级结果持有不同看法或异议，可申请重新审查，或者在特定情况下选择暂不公开评级结果。

5. 复评阶段

信用评级过程是一项重要的财务活动，它的主要目的在于通过专业的评估手段对企业或机构的信用状况进行评价。在进行信用评级时，评级机构必须确保评级的基础事实准确无误，因为这直接关系到评级的公正性和可靠性。在评级过程中，评级机构与评级对象对于评级结果的看法可能存在分歧，但这种分歧也是评级过程中的一部分。同时，评级机构作为服务于企业的专业机构，对于评级对象提出的任何意见和建议都应给予充分的重视，并通过有效的交流机制来尊重评级对象的意见。

在评级委员会正式发布评级结果后，通常情况下，其须在接续的两个工作日内，将评级结果通知发起评级的委托方，并同步向评级对象送达完整的信用评级报告。若评级对象在规定的期限内未对已发布的评级结果提出任何异议，那么该评级结果将被视为该次评级活动的最终信用等级，标志着整个评级流程的完成。

在实际操作过程中，如果评级对象对评级结果持有异议，特别是当评级对象有充分的理由相信评级结果与实际情况存在显著差异时，评级对象有权要求进行一次复评。在这种情况下，为了确保复评的公正性和准确性，评级对象必须针对评级委员会关注的具体内容提供详尽的补充资料。在某些情况下，经过重新评审后，评级结果有可能发生变动。

具体到复评程序，它包括几个关键步骤。

①被评企业应在收到信用评级报告后的一定时限内，通过正式的书面文件向评级机构提出复评请求，并附上所需的补充材料。这些补充材料主要包括两类：一是企业补充的、评级报告中未提及的相关资料，二是对评级报告中提出的问题进行补充说明的资料。

②评级小组在全面审阅被评企业补充提供的资料及其提出的复评理由后，需向评级委员会提交是否接受复评申请的建议书。评级委员会将根据具体情况，细致评估后做出是否接纳复评请求的决定。

③如果评级机构接受复评申请，评级小组则需要对补充材料进行深入分析，并撰写《信用评级复评分析报告》，最后由评级委员会根据这些分析结果确定最终的信用级别。

④依照上述相同的级别评定程序，评级委员会将对复评工作进行严谨的审议，并据此确定复评后的最终信用级别。

值得注意的是，如果被评企业未能在规定的时限内提出复评申请，或者不能提供足够、有效的补充材料和合理的复评理由，评级机构有权不接受其复评申请。此外，如果复评的申请期限已过，但后续出现了能够对发行人或其发行债券的信用状况产生重大影响的新信息或重大事件，根据跟踪评级管理制度的规定，评级机构可以实施跟踪评级。

### 6. 评级结果的公布或保存

在评级结果最终确定之后，被评企业有机会对评级机构提出的评级结果表示异议，这一过程中，被评企业可以指出评级报告中可能存在的不准确信息或者对某些信息的保密处理提出异议。在这一阶段，评级项目的负责人员将与被评企业进行深入的沟通交流，主动征询被评企业对于信用评级报告的反馈意见，确保对评级结果的准确性和评级过程中涉及的保密信息处理得当。如果被评企业认为评级报告中的某些事实描述得不准确，或者认为评级机构提供的资料和依据存在错误，可以提出具体的异议。对于被评企业提出的异议，如果涉及被评企业提供的资料不全面或不准确，被评企业可以补充提供更为详尽和准确的资料，以便评级机构进行确认和相应地修改报告。另外，评级机构在引用数据或论述事实过程中出现偏差或错误时，负有主动采取行动予以修正或更新的责任。关于被评企业信息保密事宜，如被评企业认定评级报告中的特定信息不宜公开，或部分信息应在被评企业正式对外披露后方可公示，评级机构在公开评级报告之前，应当尊重被评企业的诉求，根据实际情况对相关内容进行妥善删减或调整。

评级结果一旦最终确定下来，评级机构需要根据具体情况做出是否公布评级结果以及公布的具体内容和方式的决策。在这个过程中，评级机构通常会考虑到被评企业的意愿和需求，如果被评企业不希望评级结果被公开，评级机构一般会尊重被评企业的决定并选择不对外公布。然而，需要注意的是，如果存在监管部门的特定要求，即监管部门规定必须公开评级结果，那么评级机构必须依据监管部门的指导原则来执行，确保评级结果的公开透明。

在没有被评企业的明确反对意见的情况下，评级机构通常会将评级结果进行公开，公开的形式多样，包括但不限于在评级机构官方网站上公布评级结果、评级报告摘要或评级报告全文。同时，如果有监管部门的具体公布要求，评级机构也会遵循相关规定，在指定的媒体渠道上进行公布。重大的评级项目可能还会采取更为正式的公布方式，如由发行人和评级机构共同或单独举行新闻发布会来向公众和市场宣布评级结果。在公开评级结果的过程中，评级机构有权自主决定是否发布评级结果及评级报告，并选择适当的发布渠道。但作为基本的礼貌和尊重，评级机构应在公布评级结果和评级报告之前，提前通知被评企业，确保被评企业有足够的准备和响应时间。

在发布评级结果的过程中，评级机构需要综合考虑监管部门的要求、被评企业的意愿以及投资者的需求，做出合理的发布决策。信用分析人员在准备发布评级结果时，应根据不同的发布方式和渠道做好相应的准备工作，确保信息的准确性和及时性。

7. 跟踪评级

在初次发布信用评级结果后，评级机构的责任远未终结，反而进入了跟踪评级这一关键阶段，它是整个信用评级过程的延续和动态维护。跟踪评级旨在确保先前公布的信用等级始终反映被评企业的最新状况，维持评级信息的实时性和精确度。在此期间，评级机构会制订一套详尽的跟踪计划，包括如下内容：明确负责跟踪评级的团队成员及其各自的角色分工；设定跟踪评级所覆盖的具体内容和频率，如定期审核被评企业的财务数据、经营绩效、战略调整、行业变动、市场地位以及其他可能影响信用风险的因素；指派专职联络员与被评企业保持紧密沟通，及时获取被评企业最新的经营数据、财务报表、管理层变更、政策调整等相关信息。通过这套持续跟进和适时更新信息的机制，评级机构能够确保信用评级的时效性和准确性，并在必要时根据被评企业实际情况的变化，对已有的信用等级进行适时的调升、调降或维持不变，以真实反映被评企业的信用风险状况。

跟踪评级根据实施的时间和条件，可以分为定期跟踪评级和不定期跟踪评级两大类。

（1）定期跟踪评级

定期跟踪评级通常是在被评企业年度审计报告完成后进行的一项重要更新评估。在这个过程中，被评企业需提供一揽子详尽的资料，如全套经审计的财务报表、年度业绩报告、过去一年的运营回顾和未来展望、重要的组织人事变动信息、治理结构的详情以及股权结构的具体状况等。评级机构通过审阅和分析这些资料，可以确保定期跟踪评级报告与前次评级结果保持内在一致性，并在必要时采取深化的尽职调查措施，包括现场检查等手段，以确保评级结果的准确性和有效性。

（2）不定期跟踪评级

不定期跟踪评级更加灵活，其触发点通常是被评企业发生的重大突发事件，如被列为观察对象的情况。这类评级的重点在于分析这些突发事件对被评企业正常经营的影响，以及这些事件如何改变了被评企业的信用状况，从而确保信用评级信息反映了最新的企业状况。

跟踪评级的等级及适用依据如表1–5所示。

表1–5 跟踪评级的等级及适用依据

| 跟踪评级的等级 | 适用依据 |
| --- | --- |
| 稳定 | 评级对象经营、财务等各方面处于良性发展状态 |
| 升级 | 评级对象发生重大变化，变化程度足以证明高于原有的信用等级 |
| 降级 | 评级对象发生重大变化，变化程度足以证明低于原有的信用等级 |

续表

| 跟踪评级的等级 | 适用依据 |
|---|---|
| 正面 | 评级对象发生好的变化，但变化程度不足以调整信用等级 |
| 负面 | 评级对象发生差的变化，但变化程度不足以调整信用等级 |
| 不确定 | 评级对象存在潜在的不确定因素 |
| 列入评级观察 | 评级对象存在潜在的不确定因素，需要进一步观察 |
| 取消评级 | 评级对象不配合评级机构的跟踪评级工作，不能按期提供评级机构需要的资料，且评级机构有充分理由无法维持原有的信用等级 |

## 二、信用评级的原则

信用评级机构在金融市场中扮演着极其重要的角色，作为信用管理行业中的重要中介机构，它们的主要职责是向资本市场上的授信机构和投资者提供关于信用风险的各种信息，从而促进资本的有效配置和风险的合理分担。为了履行这一职能，信用评级机构在其经营活动中必须遵循一系列基本原则，并且在具体操作时，需要按照既定的准则开展评级业务，以确保其提供的信息既准确又可靠。

### （一）信用评级的基本原则

#### 1.真实性原则

评级机构在进行信用评级的全过程中，必须确保所依据的数据和资料的真实性与准确性。这意味着，评级机构需要采用合理的程序和方法，对所收集的数据和资料进行详细的分析和核实。此外，评级结果的审定也应遵循合理和规范的程序，以确保评级结果的公正性和可靠性。

#### 2.一致性原则

评级机构在开展评级业务的过程中，所采用的评级程序和方法必须与该机构向公众公开的程序和方法保持一致。由于评级结果是衡量信用风险的标准，对不同风险的度量必须具有可比性，这是其能够成为不同信用产品评价基础的前提。

因此，无论是评级基础数据、评级指标口径还是评级标准，都应该保持一致，以维护评级的公正性和透明性。

### 3. 独立性原则

独立性原则要求评级机构内部的信用评审委员会成员和评级人员在评级过程中保持绝对的独立性。他们应当基于收集到的数据和资料独立做出判断，不受到评级对象或其他外部因素的影响。此外，这一原则也强调了消除评级机构与评级对象之间潜在的利益冲突的重要性。

### 4. 客观性原则

客观性原则要求评级机构的评级人员在评级过程中应保持公正无私，不得带有任何个人偏见。评级决策应基于充分的数据和资料分析，并结合评级人员自身的专业知识和实践经验，以做出客观、公正和公平的评级结果。

### 5. 审慎性原则

审慎性原则在信用评级过程中体现为评级机构及评级人员在处理和分析评级资料、做出评级决策时秉持谨慎态度，特别是在对待定性指标的分析和判定时，必须格外严谨。在梳理基本信息时，评级机构不仅需要明确揭示可能影响评级对象经营状况的各种潜在风险因素，还要对评级对象可能出现的极端情景进行细致的剖析，以确保最终得出的信用评级结果既准确又可信。

## （二）信用评级的具体准则

### 1. 定量分析与定性研究相结合

定量分析在信用评级领域扮演着至关重要的角色，它是指评级人员利用企业提供的财务报表数据，采取统计手段进行整理和测算，从而准确得出企业的信用等级。这一过程不仅仅是对企业财务数据的简单检查，而是需要对这些数据进行深入的筛选、核对与分析。尽管财务报表是获取信息的重要渠道，评级人员对数据的精细处理确实不可或缺，但是，如果将信用评级简化为仅仅对财务数据的审核和分析，就忽视了评级过程的复杂性和多维性。

企业的财务指标是随时变化的，一年之内都可能发生变动，更不用说跨越数年了。因此，虽然财务数据能够为分析师提供一个关于企业当前状况的有效快照，但它不能全面代表企业的实际情况，特别是在考虑到影响企业未来发展的新因素日益增多的情况下，依赖当前的财务数据进行全面评级就显得越发不足。这些新因素的出现，使得仅仅依靠财务数据来评定企业信用等级的方法显得过于简单，甚至可能导致错误的判断。

除了财务数据，决定企业信用等级的因素还包括许多无法量化的质性因素，如企业的管理水平、所处的行业环境、内部文化和管理制度等。这些因素可能对企业的长期发展和偿债能力产生决定性影响。例如，优秀的管理团队能够在危机中带领企业有效应对，良好的企业文化可以提高员工的工作效率和忠诚度，这些都是无法用数字完全捕捉的。

综合而言，在进行信用评级时，评级人员必须将定量分析与定性分析相结合，仔细评估包括财务数据和质性因素在内的所有相关信息。评级机构通过这种全面的分析方法，可以更准确地捕捉到企业的真实信用状况，从而做出更为精准的评级决策。这种方法不仅能够提高评级的准确性，还能够帮助市场参与者更好地理解企业的真实价值和潜在风险，为投资决策提供坚实的基础。

2. 短期分析与长期因素研究相结合

在进行信用评级时，评级机构不仅需要分析短期内的各种情况，还需要超越对当前财务数据的依赖，将视角扩展至未来的长期趋势，特别是对于那些可能影响企业未来发展的基本因素及其可能的变化，需要进行深入研究并在评级过程中予以重视。这样的做法，能够确保评级结果更加全面和动态地反映出被评企业的信用状况，而不是仅仅基于一时的财务表现。

评级机构通常要求被评企业提交最近 3 年的完整财务数据，此举旨在从更广阔的时间跨度上把握企业的经营历史和财务稳定性。通过对这些多年期财务记录的深入分析，评级人员能够洞察到可能影响企业未来信用表现的各项重要趋势和发展走向。通过纵向比较和趋势解读，评级机构能够更准确地预测企业的信用风险和偿债能力，从而给出更为客观、全面的信用评级结论。

在进行信用评级时，评级机构通常侧重于企业未来 3~5 年的信用状况预测，这是因为在这一时间区间内，评级机构可以较为准确地衡量和预计企业的偿债能力和信用风险。由于市场、经济及企业内部环境的不确定性增大，过长的时间预测会导致评级的精准性下降。然而，对于那些期限较长的债券发行，如超过 5 年的债券品种，评级机构需要将重心转向评估发行人的长期财务稳健性、行业竞争力、战略规划及其在所在行业中长期可持续的竞争优势等因素，从而确保评级结果能够反映出企业在较长时间段内的信用基本面。

在信用评级作业中，经济环境对企业经营活动的影响力不容忽视。评级人员需将短期经营表现分析与长期基本面研究相结合，尤其重视对经济周期波动的剖析。在经济萎缩或疲软阶段，金融市场流动性紧缩，企业融资难度加大，加上经济不景气引发的经营利润下滑或巨额亏损，都将从根本上动摇企业的现金流和生产经营活动。鉴于此种情境下出现的新增长期风险因素，下调企业信用评级往往是必要的。反之，在经济增长周期中，那些对经济波动反应敏感的企业可能呈现出强劲的增长势头，表现为营利能力大幅提升和资金运转更为灵活。因此，在进行信用评级时，既要评估企业在当前市场环境下的优势和机遇，也要前瞻性地考量其在未来经济下行压力或者其他不利条件下的应对能力和生存韧性，从而得出更为全面和精准的信用评级结果。

3. 一致性与特殊性相结合

正如前面所述，一致性在信用评级业务运作中占据核心地位。这意味着评级过程中的各个环节，均需在不同情境下保持一致性，以确保评级结果的可比性和公正性。不仅限于此，评级活动中基础数据的采集、分析指标的选择以及评级准则的设定，也都必须遵循一致性原则，确保无论何时何地，评级标准都是统一且透明的。然而，鉴于评级活动所涉及的复杂性，评级机构在实施评级任务时，还需要充分考虑各个债务发行主体所在国家的具体国情，如其政治稳定性、经济状况以及社会背景等因素。同时，不同国家之间存在的多种风险因素及其独特风险生成机制也应纳入考量范畴。这要求评级专业人士依据各国独特的信用风险形成模式，为不同的债务发行主体设立适宜的信用评级框架，同时密切关注行业特有风险特点。在特定的政治、经济背景下，不同行业间的信用风险特质可能存在显著差异，因此，在评级过程中，评级机构应细致研究这些行业特质如何影响同一行业内各家企业信用质量的差异化表现，以及不同行业间整体风险水平的差异性。

因此，制定信用评级标准时既需要考虑到一致性的要求，也不能忽视特殊性的重要性。如果缺乏一致性，评级标准的公正性将难以得到保证，而忽视特殊性的话，评级标准的公平性也将无从谈起。只有在保持一致性的同时，合理地融入各种特殊性因素，才能确保评级结果的准确性和有效性。

在对企业的信用评级过程中，评级机构要密切关注可能严重影响评级对象的各种特殊事件，如重大的安全事故、法律纠纷等，这些事件均可能对评级对象的资产价值和财务状况产生深远影响。

举例来说，一旦企业遭遇严重的工业事故，可能随之而来的就是大规模的赔偿金支付与罚款，这将在短期内削弱企业的偿债能力。同时，企业高层管理者可能对组织架构或财务结构进行重大改革，如通过增加债务融资改变资本结构，或是进行企业并购等战略性调整，这些突发性变化同样需要评级机构迅速捕捉并据实调整企业的既有评级。对于特殊事件的敏锐反应和评级结果的即时校准，是评价企业信用品质及确定信用级别的必备环节。因此，评级机构必须拥有识别与企业信用质量紧密相关的当下事件的能力，以确保评级结果兼具准确性和时效性。

4. 分析未来趋势

（1）关注将来有影响的事件

在进行信用评级时，评级机构需要密切关注那些可能对企业未来偿债能力或偿债意愿产生重大影响的特殊事件。这些事件包括可能的经济萧条、政府可能对特定行业施加的新法律限制，或企业可能进行的债务融资并购活动等。评级人员需要对这些潜在事件进行细致的预估，尤其是在未来的 3~5 年，哪些不利因素最有可能发生，以及这些因素如何影响企业的信用状况。采取一种保守的分析方法，即在当前已知信息的基础上对未来事件进行预测和评估，往往能够更准确地反映企业的真实信用风险。例如，在 20 世纪 80 年代，穆迪就曾对一家美国银行的未来进行了精准的评估，预测了该银行对拉美国家贷款的违约风险，尽管在预测时该违约事件尚未发生。

（2）注重未来可能发生的违约风险

信用评级的核心在于深入分析和评估企业的偿债能力，这与传统的财务预测有着本质的不同。财务预测更倾向对企业的营利能力进行分析，而信用评级则聚焦于债务偿还。这是因为债权人与投资者的目标不同，债权人主要关注的是能否从债务投资中获得预定的收益率，而不是直接参与企业的利润分配。即便在发行人违约的情况下，债权人也有权参与分配企业的的剩余资产。因此，信用评级应当重点考虑那些可能导致企业的财务状况恶化或增加违约损失可能性的未来事件。为了深入分析这些潜在的风险因素，在评级过程中可以采用"压力测试"的方法。设定企业可能面临的最好、最坏及中等三种不同情形，并对每种情形下企业可能的不同信用结果进行预测和评价，可以实现对企业未来信用状况的全面和合理的评估。

（3）侧重于分析未来现金流

在评定企业信用等级时，企业未来的现金流状况是一个非常关键的因素。这主要是因为，企业的偿债能力在很大程度上依赖于其未来能够产生的现金流。因此，评级机构在信用评级过程中需要对发行人在未来 3~5 年的现金流进行综合评价。一般而言，企业的现金流主要来自三个方面：首先是经营性现金流，也就是企业通过其正常运营活动所产生的现金流，它是偿还债务的主要来源；其次是投资性现金流，主要指通过出售或变现持有的股票资产和固定资产所获得的现金，这可以视为偿还债务的辅助手段；最后是融资性现金流，特指在某个债务工具持有人的债务到期时，或当企业需要清偿时，未来的债务及其他负债对企业现金流的综合要求。信用分析的根本任务是准确预测企业通过其正常运营活动产生的现金流和通过投资资产转换成现金的能力，以及评估这些现金流相对于企业在一定时期内必须偿还的债务总量的充足程度。此外，评级机构也需要考虑企业在必要时通过融资活动获取现金流以满足偿债要求的能力。

5. 对投机级公司加强监督

投机级公司通常是指信用评级处于 BB（或同等级别穆迪评级的 Ba）及以下的企业和金融机构。这类公司通常面临较大的现金流困境和业绩的剧烈波动。这类公司在现金流管理方面的挑战尤为突出，管理层需要艰难应对维持有效运营的问题。一旦企业销售收入出现持续滑坡，就将进一步压缩其融资空间，使得获取额外资金支持的可能性降低。在这样的形势下，企业的融资渠道可预见地受限，极端情况下很可能诱发违约或破产风险。因此，对于这类财务稳定性较差的投机级公司，对其日常运营状态的严密监控至关重要，特别是现金流的健康状况以及对外部资金吸引力的核心能力等方面。

# 第四节　信用评级指标与信用等级

## 一、信用评级指标

### （一）定量指标

#### 1. 资产负债结构

深入分析企业的资产与负债的比例及其结构，可以详细了解企业的财务状况，包括其运用财务杠杆的策略，债务的安排是否合理，以及企业偿债能力的强弱等。

#### 2. 营利能力

营利能力的评估依据是企业通过销售活动获得利润的能力及其稳定性。评级机构通过对利润率等关键财务指标的分析，进而深入探讨利润的来源与构成，以预测企业未来的营利能力。

#### 3. 现金流充足性

现金流充足性是判断企业偿债能力的核心。评级机构要特别关注企业经营活动所产生的净现金流，以及这些现金流对企业债务保障的影响。

#### 4. 资产流动性

企业的资产流动性，即资产变现的能力，也是评级活动中不可忽视的一环。评级机构通过分析流动资产与固定资产的比例以及存货、应收账款的周转速度，来衡量企业的资产流动性和偿债能力。

### （二）定性指标

在对定性指标的评估中，评级机构主要聚焦于行业风险评估和业务风险评估两个层面，旨在全面考量企业所处行业的整体环境及企业自身的经营状况对其财务稳定性和成长潜力的影响。

#### 1. 行业风险评估

行业风险评估涉及对企业所在行业的现状和发展趋势的深入分析，包括考察行业的垄断程度、竞争状况、技术进步的速度，以及宏观经济和政策环境对行业的影响，通过对这些因素的综合评估，预判企业在未来市场中的稳定性和营利能力。

### 2. 业务风险评估

业务风险评估更关注企业内部的具体情况，如市场竞争地位、经营策略和管理效率等，细致考量市场占有率、产品的多样化程度、经营历史及其在行业中的地位，以及管理团队的素质和企业治理结构的合理性。此外，企业的关联交易和担保情况，政府补贴或母公司对子公司的支持等因素，也被纳入评估范畴，这些都是影响企业信用评级和财务健康度的关键因素。通过这样的定性分析，评级机构能够更全面地把握企业的运营风险和发展潜力，为投资者和债权人提供更加深入的评级结果。

## 二、信用等级

信用评级的建立基于深入分析，并通过特定符号向评级结果使用者传达关于信用可靠性的信息，目的是保持信息的简洁性和易理解性。如果评级符号复杂，含义难以理解，评级结果使用者对评级信息的广泛理解与接受将会受阻。因此，在设定信用评级时，其科学性与合理性必须得到充分考虑，以确保评级结果具有广泛的可理解性。

# 第五节　信用评级模型

信用评级体系立足于扎实的财务与经济理论基础，通过系统的分析和评价评级对象的信用状况来设定相应的信用等级。这一核心过程纵贯整个评级活动，随着信用风险的复杂性增加和金融市场的深化变迁，评级方法经历了从单纯的定性评估逐渐过渡到结合现代经济金融理论、统计学原理构建的定量模型评估阶段。本节先对信用评级方法中的基础元素分析方法进行概述，并深入阐述多元判别分析模型（Z-score 模型）的基本原理。接下来，本节分别介绍 Logit 模型、Probit 模型在信用评级中的应用，以及 KMV 模型和信用度量模型（CreditMetrics 模型）这两种在金融市场中广泛应用的信用风险量化模型。对这些模型的探讨将有助于理解信用评级过程中如何借助科学手段进行精准预测和风险把控。

# 一、多元判别分析模型

## （一）多元判别分析方法

多元判别分析是一种高级统计技术，它依据一组预设的类别，通过对多个变量数据的综合分析，来精准地识别和划分研究对象的类别。在医学实践中，医生可以根据对人体生理病理特征的深刻认识，通过多元判别分析方法，利用病人的临床表现、生理指标和实验室检测结果等信息，无须进行直接的解剖，就能准确推断病人可能罹患的疾病类型。在信用评级场景下，专业的评级人员会运用多元判别分析方法，整合分析被评价主体的历史信用记录、当前财务数据和未来发展趋势等多个维度的数据，以此精确估算个人的信用风险水平或企业可能面临的破产风险概率。判别分析的核心目的是构建一个有效的判别函数，该函数旨在最大限度地减少对未知样本类别判断的误差，从而准确地将新样本归入预先定义好的类别之中。在实施判别分析时，要先设计和验证判别函数的构建原则和运算规则，并可通过实际案例演示如何运用统计软件（SPSS）进行操作。接下来，本部分将进一步讲解距离判别分析方法、贝叶斯（Bayes）判别分析方法以及费歇尔（Fisher）判别分析方法等多元判别分析方法的重要分支方法。

### 1. 距离判别分析方法

假设有两个正态总体 $G_1$ 和 $G_2$，其协方差阵 $\Sigma$ 相同，它们的分布分别是 $N(\mu_1, \Sigma)$ 和 $N(\mu_2, \Sigma)$。对于一个样本 $X$，定义并计算样本到两个总体的距离，通过比较距离的远近，判定样本属于哪个总体。

最直观的方法就是计算样本 $X$ 到两个正态总体的距离 $d^2(X, G_1)$ 和 $d^2(X, G_2)$，并按距离最近准则判别归类：如果 $d^2(X, G_1) < d^2(X, G_2)$，则 $X \in G_1$；如果 $d^2(X, G_1) \geqslant d^2(X, G_2)$，则 $X \in G_2$。

以上的距离一般指马氏距离，其由印度统计学家马哈拉诺比斯（Mahalanobis）提出。马氏距离定义 $X$ 到母体 $G_i$ 的距离为

$$d^2(X, G_i) = (X - \mu_i)' \Sigma^{-1}(X - \mu_i)$$

那么

$$d^2(X, G_2) - d^2(X, G_1) = 2\left(X - \frac{\mu_1 + \mu_2}{2}\right)' \Sigma^{-1}(\mu_1 - \mu_2)$$

若令

$$W(X) = \left( X - \frac{\mu_1 + \mu_2}{2} \right)' \Sigma^{-1}(\mu_1 - \mu_2)$$

$$W(X) = \left( X - \overline{\mu} \right)' \Sigma^{-1}(\mu_1 - \mu_2), \ \overline{\mu} = (\mu_1 + \mu_2)$$

上述判别规则可写成：

当 $W(X)>0$ 时，$X \in G_1$；当 $W(X) \leqslant 0$ 时，$X \in G_2$。

若 $\mu_1$、$\mu_2$ 和 $\Sigma$ 已知，则 $W(X)$ 是 $X$ 的线性函数，称为线性判别函数。

如果两个正态总体 $G_1$ 和 $G_2$ 的协方差（$\Sigma_1 \neq \Sigma_2$）不同，对于一个样品 $X$，要判断它来自哪个总体。按距离判别准则先分别计算 $X$ 到两个总体的距离，然后根据距离最近准则判别归类，即如果 $d^2(X, G_1) < d^2(X, G_2)$，则 $X \in G_1$；如果 $d^2(X, G_1) \geqslant d^2(X, G_2)$，则 $X \in G_2$。或者类似地计算判别函数 $W(X)$，并用于判别归类。

令

$$W(X) = d^2(X, G_2) - d^2(X, G_1) = Z(X) - Z_0$$

其中，因为 $\Sigma_1 \neq \Sigma_2$，所以 $Z(X)$ 为 $X$ 的二次函数，$Z_0$ 是一个常数。其判别准则仍如下：

当 $W(X)>0$ 时，$X \in G_1$；当 $W(X) \leqslant 0$ 时，$X \in G_2$。

2. 贝叶斯判别分析方法

贝叶斯统计思想依托于对研究对象的初步认知基础，这一基础通常通过构建先验分布得以量化体现。随着采样数据的获取，这些样本数据能够结合原有的经验知识，对先验分布进行迭代更新和校正，从而生成反映新知识状态的后验分布。在判别分析的框架下运用贝叶斯理论，就形成了具有广泛应用价值的贝叶斯判别分析方法。

假设有 $k$ 个总体 $G_1$，$G_2$，$\cdots$，$G_k$，总体 $G_1$ 的概率密度为 $f_i(x)$（$i=1$，2，$\cdots$，$k$），样品 $X$ 来自总体 $G_i$ 的先验概率为 $q_1, q_2, \cdots, q_k$，（显然 $q_i>0$，$\sum_{i=1}^{k} q_i = 1$），根据贝叶斯理论，样品 $X$ 属于总体 $G_i$ 的后验概率为

$$p\left(X \in G_i \middle| X\right) = \frac{q_i f_i(x)}{\sum_{i=1}^{k} q_i f_i(x)}$$

### 3. 费希尔判别分析方法

在执行判别分析的过程中，如何发掘一个既能准确区分各类别又便于实际操作的最优判别函数是一个十分关键的环节。依据费希尔提出的准则，线性判别函数可以很好地实现这一目标。

假设一个 $p$ 维向量 $\boldsymbol{x}=(x_1, x_2, \cdots, x)$。设 $x_{ijk}$ 代表第 $i$ 组（$i=1, 2, \cdots, r$）中的第 $j$ 个特征（$j=1, 2, \cdots, p$）的第 $k$ 个观察值（$k=1, 2, \cdots, n_i$）。因此，（$x_{i1k}$, $x_{i2k}, \cdots, x_{ipk}$）相当于第 $i$ 组里面的第 $k$ 个观察所测到的 $p$ 个特性。同样，以两个总体为例来介绍费希尔准则下的线性判别函数，即 r=2。

如图 1-2 所示，r=2，p=2 的情况仅有两组且每组只有两个特性的简单情况，可以在平面上示意出来。符号"*"代表一组，符号"+"代表另一组。不妨假设在这个平面上有一条直线 L，能将两组尽可能地分开。若有一个新样本点 z=（$z_1$, $z_2, \cdots, z_p$），将 z 点标在图上，判断样本点 z 与"*"号和"+"号的距离。如果找到了一条具有区别力的直线 L，只需观察新样本 z 点在这条直线 L 的哪侧，从而即可判别 z 点归于哪一个组。这就是费希尔线性判别分析的主要思想——投影。

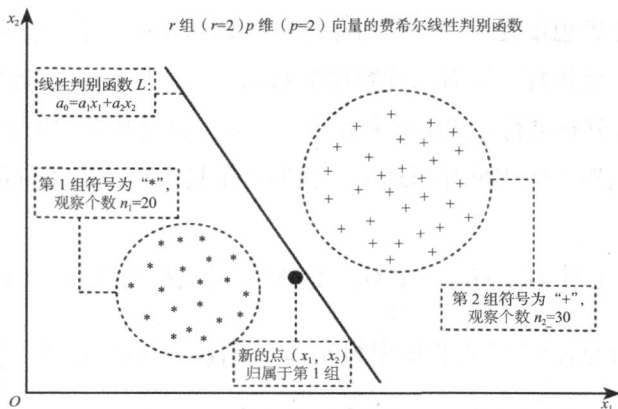

图 1-2　费希尔线性判别分析示意图

### （二）多元判别分析模型

在现代金融和企业经营领域，多元判别分析模型起着至关重要的作用。它以特定的财务比率为基础，将这些比率作为解释变量，通过精密的统计方法建立了一套标准化的预测模型。该模型的核心功能是预测某些性质事件的发生概率，尤其是在早期识别可能出现的信用危机信号方面显示出显著的效能。它为企业经营者提供了宝贵的时间窗口，在问题尚处于萌芽阶段时，便可以采取一系列有效的应对措施，从而优化企业的经营策略，减轻或避免潜在的危机风险。此外，该模型同样对债权人和投资者具有重要价值，使他们能够根据信用危机的早期信号，及时调整策略，以保护自身利益。多元判别分析法已成为国际金融业和学术界进行信用分析的主流手段。

多元判别分析法是一种精确的统计分析方法，用于研究和判别研究对象所属的类别。它通过分析和筛选出能够提供丰富信息的多个财务比率变量，并基于这些变量构建判别函数，旨在使得分类过程中的误判率降至最低。美国学者爱德华·阿尔特曼（Edward Altman）是这一方法的先驱者，他在 1968 年对美国企业破产状况的研究中，采用了 22 个财务比率，并运用统计方法筛选出其中信息量最大的变量，建立了著名的 Z-score 模型。在此基础上，阿尔特曼进一步改进，并提出了"Zeta"判别分析模型。这两种模型都通过设定特定的临界值，使得研究者能够根据判别分值的不同区间来准确地定位企业的信用风险等级。得益于计算的简便性、低成本和高效性，"Zeta"模型在美国的商业银行中获得了广泛应用，并产生了巨大的经济效益。

Z-score 模型是一个革命性的财务失败预警工具。该模型通过整合 5 个不同的财务比率——这些比率分别反映了企业的偿债能力、获利能力和营运能力，从而构成了一个综合的分析框架。通过对这些比率的综合评估，Z-score 模型能够预测企业面临财务困境或破产的可能性。模型中的 Z 值是一个关键指标，其数值的高低直接关联到企业破产风险的大小，一般来说，Z 值越低，企业面临破产的风险就越大。这个模型因其预测精度高、应用广泛而受到了业界的高度评价，成为财务风险评估领域的一个重要工具。具体模型为

$$Z = 0.012X_1 + 0.014X_2 + 0.033X_3 + 0.006X_4 + 0.999X_5$$

其中，$Z$ 为判别函数值；$X_1$ 为期末流动资产与流动负债之差 / 期末资产总额（即期末营运资金 / 期末资产总额）；$X_2$ 为期末留存收益 / 期末资产总额；$X_3$ 为息税前利润 / 期末资产总额；$X_4$ 为期末股东权益的市场价值 / 期末负债总额；$X_5$ 为本期销售收入 / 资产总额。

具体介绍如下。

$X_1$ 是一个重要的企业财务指标，具体反映了一个企业的资产变现能力及规模。当营运资金的量持续下降时，这可能是一个警示信号，暗示着企业可能遇到资金流转的障碍或者面临着满足短期财务义务的困难。这种情况下，企业可能难以支付即将到期的债务，从而增加了财务风险。

$X_2$ 在很大程度上反映了一个企业的累积获利能力。其中留存收益指的是企业一定时期的净利润扣除全部股利，留存收益越高则表明企业不仅营利能力强，而且有足够的内部资金可以用于发放股利、再投资或还债，是企业财务健康的重要标志。

$X_3$ 称为总资产息税前利润率，在实际应用中通常用平均资产总额代替分母位置的资产总额，这样可以避免期末大量资产购进时 $X_3$ 的降低，从而更客观地反映一年中资产的获利能力。

$X_4$ 主要是为了评价一个企业的财务结构，其中负债总额由长期负债、流动负债组成。用股东权益的市场价值替代传统的账面价值来进行计算的做法能够更准确地反映出企业的实际价值和投资者对企业价值的认可程度。

$X_5$ 即总资产周转率，这一指标反映了企业利用其资产进行经营活动的效率。一个较高的总资产周转率意味着企业能够更有效地利用其资产来实现销售收入，这通常是管理效率高和市场竞争力强的标志。

在具体应用中，企业样本被分为预测样本和测试样本两类。先通过预测样本构建多元线性判定模型，计算判别 $Z$ 值。随后，将测试样本数据输入判别方程中，获得企业的 $Z$ 值。最后，根据既定的临界值，进行企业信用风险的评估。该技术同样适用于投资决策、银行对贷款申请的评估、企业业绩考核以及债券评级等多个领域。

按照上述模型，阿尔特曼根据对过去经营失败企业统计数据的分析，得出了美国企业经验 $Z$ 临界值，如表 1-6 所示。

表 1-6　美国企业经验 $Z$ 临界值

| $Z$ 值 | 企业短期出现破产的概率 |
|---|---|
| $Z<1.8$ | 存在严重财务危机，破产概率很高 |
| $1.8 \leqslant Z<2.8$ | 存在一定财务危机，破产概率较高 |
| $2.8 \leqslant Z<3.0$ | 存在某些财务隐患，处理不好可能破产 |
| $Z \geqslant 3.0$ | 财务状况良好，无破产可能 |

## 二、Logit 模型

### （一）Logit 转换

在信用评级过程中，若用 $p$ 表示受评主体的违约概率，用 $x$ 表示相关的影响因素，可以根据历史数据建立简单的线性回归模型：

$$p_i = a + bx_i + u_i$$

其中，$p_i$ 为被解释变量，表示违约概率；$x_i$ 为相应解释变量；$u_i$ 为随机误差项。采用这种方法可以根据历史数据对违约概率做出初步的预测，但是其结果具有很大的局限性。首先，因为被解释变量表示违约概率，所以其取值范围应该是（0，1），而线性回归模型无法保证 $p$ 的值均落在（0，1）之内。当预测值出现小于 0 或大于 1 的情况时，必须强令预测值相应地等于 0 或 1，从而造成预测结果有偏。其次，通过大量观察发现，被解释变量 $p$ 与解释变量通常不是直线关系，而是 S 形曲线关系。传统的线性回归模型只能对简单的线性关系进行拟合而不能拟合非线性关系。

因此，我们考虑通过一定的转换来解决上述问题。通常，我们把出现某种结果的概率 $p$ 与不出现的概率（$1-p$）之比称为发生比（odds），也称为比值或比数，即 $odds = \dfrac{p}{1-p}$，将比值取对数之后得到

$$y = \text{Logit}（y）= \ln\left(\frac{p}{1-p}\right)$$

上式通过一个简单的对数函数将 $p$ 转换成 $y$，这一转换称为 Logit 转换，也称

作 $y$ 的 Logit。通过转换，当 $p$ 的值在（0，1）之间波动时，$y$ 的取值范围是（$-\infty$，$+\infty$）。因此，只需建立 $y$ 与 $x$ 的回归模型即可得到 $p$ 与 $x$ 的对应关系。Logit 转换克服了传统线性回归模型的缺陷，是 Logit 模型的基础。

### （二）Logit 模型的含义

Logit 模型又叫 Logistic 模型，由美国经济学家麦克法登（McFadden）于 1973 年首次提出，其在各领域中的应用非常广泛，基本形式建立在 Logit 转换的基础之上。

对回归模型进行简单整理，将 $p$ 作为被解释变量，即得到 Logit 模型的一般形式如下：

$$p = F(y) = \frac{1}{1+e^{-y}} = \frac{1}{1+e^{-(\alpha+\beta x)}}$$

其中，$p$ 为事件发生的概率，它是一个由解释变量 $x$ 构成的非线性函数；$y$ 被定义为一系列事件发生影响因素的线性函数，即 $y=\alpha+\beta x$，$x$ 表示解释变量，$\alpha$ 和 $\beta$ 分别表示回归截距和回归系数。

为了便于进行 Logit 模型的参数估计和预测，先简要介绍 R 软件。

#### 1. R 软件简介

在统计软件领域中，与 SAS 和 SPSS 软件相比较，R 软件显现出其独特的优势，尤其是对于那些专业的统计分析人员来说，R 软件以其灵活性和强大的功能获得了广泛的认可。不仅如此，R 软件的另外一个显著优点在于它是完全免费的，任何用户都可以通过互联网直接下载使用，这一点对于经常需要使用统计软件的人来说，无疑减少了不少成本负担。

R 软件不仅是一个强有力的统计分析工具，同时也是一个功能强大的作图平台。这款软件以及其背后的 R 语言，是基于贝尔实验室创造的 S 语言进一步发展而来的。目前，R 软件的更新和维护工作主要由 "R 开发核心团队" 负责，他们会定期将全球范围内的优秀统计应用软件进行打包，并 3~4 个月更新一次软件版本。通过访问 R 软件的官方网站，用户可以轻松获取到最新消息、使用指南，以及最新版本的 R 软件。

当用户完成 R 软件的安装后，系统会自动创建一个 R 程序组，并在桌面上生成一个快捷方式，方便用户快速启动 R 软件。启动后，用户将看到一个与 Windows 操作系统中其他编程软件类似的操作界面，该界面主要由菜单和一系列快捷按钮组成。位于快捷按钮下方的则是代码输入窗口，用户可以在此输入代码，部分运算结果会直接在此窗口中显示，而更复杂的运算结果则会在新开的窗口中展示。

　　R 软件的主窗口顶部通常会展示一些初次运行该软件时出现的指导性说明。这些文字下方紧跟着的是一个红色的">"符号，这是 R 软件的命令提示符。用户可以在这个提示符后面直接输入代码，按下回车键后，系统便会根据输入的代码执行相应的命令并输出结果。此外，R 软件还提供了"文件"→"新建程序脚本"的选项，用户可以选择将所有需要执行的代码保存在一个脚本文件中，随后运行这个文件的全部或部分代码以获得所需的结果。

　　由于 R 语言是一种解释型语言，而非编译语言，这意味着用户输入的命令可以被直接执行，无须经过编译过程。这一特性使得即便是对编程了解不多的用户也能够轻松应用 R 软件，进行统计分析或数据可视化的工作。

　　2. Logit 模型的曲线

　　我们将 $p$ 随 $y$ 变化时的函数值标画出来，通过 R 软件得到 Logit 模型的曲线图。

　　当 $y$ 趋近于负无穷时，$p$ 趋近于 0；当 $y$ 趋近于正无穷时，$p$ 趋近于 1。即无论 $y$ 取任何值，$p$ 的取值范围均在 0~1，这一性质保证了 Logit 模型估计出的概率绝不会小于 0 或大于 1。

　　模型中回归参数的正负及绝对值大小，分别决定了 Logit 曲线的方向与形状。回归参数的符号为正，表示解释变量对被解释变量的影响为正向，反之影响为负向；回归参数的绝对值越大，则解释变量对被解释变量的影响程度越大。

　　进一步讨论发生比问题。在 Logit 模型中，第 $i$ 个事件不发生的概率可以表示为

$$1 - p_i = 1 - \left( \frac{1}{1 + e^{-(\alpha + \beta x_i)}} \right) = \frac{1}{1 + e^{\alpha + \beta x_i}}$$

那么，事件发生与不发生的概率之比为

$$odds = \frac{p_i}{1-p_i} = e^{(\alpha+\beta x_i)}$$

因为 $0<p_i<1$，所以发生比一定为正值，并且没有上界。Logit 模型的一个重要优点就是把在（0，1）上的概率预测问题转化成实数轴上预测事件的发生比问题。通过参数估计，可以求得某一事件发生与否的发生比。如果事件发生的概率为 $p_i=0.7$，那么不发生的概率 $1-p_i=0.3$，则事件的发生比为 2.33，即发生的概率是不发生概率的 2.33 倍。

### （三）Logit 模型在信用评级中的应用

Logit 模型的出色适用性在于其出众的预测准确性和稳定性，这使得该模型在国际上得到了广泛应用，尤其在计算违约概率方面表现突出。该模型的优越性不仅被多个国家的实践证明，其对于预测准度和稳定性的高要求也使其成为构建我国信用风险度量模型的理想选择。Logit 模型因在处理前提假设、变量选择、模型构建及数据采集等方面的灵活性和适应性，成为评估信用风险的有力工具。

在使用 Logit 模型进行信用评级的过程中，该模型通过将违约和非违约的样本进行 0–1 的二分类，选取相关的经济指标作为解释变量。通过收集这些具有先验数据的样本，并将违约概率 $p$ 作为研究对象，Logit 模型能够准确地对违约可能性进行分析。这种方法在实际应用中证明了 Logit 模型在处理二分类问题，特别是在判定违约与否的问题上具有显著效果。

自 1977 年 Logit 模型首次被应用于国家主权信用评级以来，它便在预测国家债务重组可能性的研究中发挥了重要作用。通过分析大量的经济金融数据，包括历史上的债务重组案例和非重组案例，Logit 模型能够准确地识别出哪些因素会影响一个国家在特定年份内债务重组的可能性。Logit 模型的建立运用了大量的经济金融数据和比率，以及那些历史上重组和非重组的案例来分析重组的规律，其数学表达式为

$$y_i = \ln\left(\frac{p_i}{1-p_i}\right) = \alpha + \beta x_i$$

其中，$p_i$ 表示违约概率；$x_i$ 可以用来表示偿债率、进口与储备比率、分期付款与债务的比率等某些经济变量。通过计算可以得到每个国家违约概率在 0~1 的值，拖欠违约为 1，无拖欠为 0。按照风险管理的要求，如果假设重组概率临界值为 $p^*$，那么这些概率值大于 $p^*$ 的国家将不能得到信贷。在企业信用评级中，Logit 模型通过采用一系列的财务比率作为变量来预测企业破产或违约的概率，然后根据银行、投资者的风险偏好程度设定出一条风险警戒线，以此作为标准对评级对象进行风险定位。建模过程中常采用的影响违约概率的指标有偿债能力指标、营运能力指标、营利能力指标、偿债能力指标以及信用状况指标等。Logit 模型建立的基础是累计概率函数，从而不需要自变量服从多元正态分布和两组间协方差相等这两个条件。企业违约与不违约的临界值 $p^*$ 可以根据实际情况做出具体设定。通常我们将企业违约概率临界值 $p^*$ 设为 0.5：如果计算出的违约概率 $p$ 大于 0.5，表明企业破产的概率比较大，财务状况较差；如果计算出的违约概率 $p$ 小于 0.5，可以判定企业破产概率较小，财务状况正常。

对于个人信用评级而言，Logit 模型考虑了影响个人违约概率的多个因素，如贷款金额、期限、个人月收入及受教育程度等。通过将财产水平、负债状况、受教育程度和婚姻状况等关键因素作为模型的自变量，Logit 模型为个人违约概率的计算提供了一种科学的方法。根据我国银行业及巴塞尔新资本协议的贷款分类方法，个人的贷款状况被明确分为正常、逾期、呆滞和呆账，进而定义违约的具体标准。通过设定违约概率的临界值，Logit 模型能够有效区分高信用风险与低信用风险的借款人，为信用评估提供了科学依据。

## 三、Probit 模型

### （一）Probit 模型概述

在累积正态分布函数假设条件下，事件的概率可以表述为

$$P = P\left(y = 1 \middle| x\right) = F(y) = F(\alpha + \beta x) = \frac{1}{\sqrt{2\pi}} \int_{-\infty}^{\alpha + \beta x} \mathrm{e}^{-\frac{x^2}{2}} \mathrm{d}z$$

其中，$y$ 的取值范围是（$-\infty$，$+\infty$）。因为 $P = F(\alpha + \beta x)$，我们可以用下列公式取得 $\alpha + \beta x$ 的估计：

$$F^{-1}(P) = \alpha + \beta x$$

其中，$F^{-1}(P)$ 为累积标准正态分布函数的反函数。如果说 $\ln[p/(1-p)]$ 为 Logit 模型的关联函数，那么 $F^{-1}(P)$ 则为 Probit 模型的关联函数，因此它是 Probit 模型的实际因变量。Probit 模型参数的估计方法为极大似然估计法。

从形状上来看，Probit 模型曲线和 Logit 模型曲线很相似。两条曲线都在 $P_i=0.5$ 处有拐点，斜率达到最大，但 Logit 模型曲线在两个尾部要比 Probit 模型曲线厚，如图 1-3 所示。

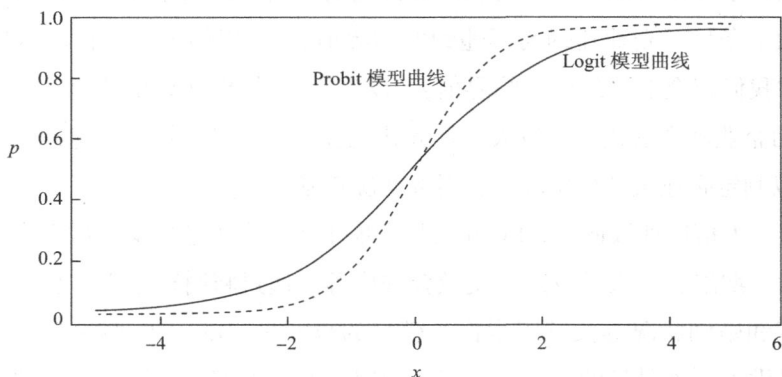

图 1-3　Probit 模型曲线、Logit 模型曲线比较示意图

Probit 模型和 Logit 模型都采用了极大似然函数来估计模型的参数，在二分类因变量情况下，模型的估计结果十分近似。但在具体的假设前提和计算方法上，这两种模型又有一定的差异。这种差异主要体现在两个方面：一是假设前提不同，Logit 模型不需要非常严格的假设条件，而 Probit 模型则假设企业的样本服从标准正态分布；二是求破产概率的方法不同，Logit 模型采用取对数的方法，而 Probit 模型采用积分的方法。

### （二）Probit 模型在信用评级中的应用

Probit 模型的生成基于累积正态概率函数的转换，而且其转换后的形式与 Logit 模型基本一致，使其拥有了与 Logit 模型一样的功能，但是由于其转换过程较为复杂，且转换后的形式与 Logit 模型基本相同，为此其实际应用普及度较低。鉴于 Probit 模型的这一特性，下文主要介绍它在信用评级领域的具体应用情况。

在主权信用评级领域中，Probit 模型发挥着至关重要的作用。它主要被用来预测某一国家在给定时间内外部债务违约的可能性。该模型基于一系列政治、社会以及经济金融指标来进行预测，认为这些因素共同作用于一个国家的外部债务违约的可能性。在这样的理论前提下，研究者可以利用 Probit 模型，结合当前的宏观经济金融数据，建立起与违约概率相关的经济金融指标的回归模型。常用的解释变量包括偿债与出口比率、债务与 GDP 的比率、外汇储备与债务之比等，通过这些变量可以构建出一个合理的回归模型来预测每个主权国家每年的信用评级。

通过 Probit 模型判别违约概率的方法与 Logit 模型类似。通过计算可以得到每个国家外部债务违约的概率值，违约为 1，不违约为 0。按照风险管理的要求，如果假设违约概率临界值为 $p*$，那么如果计算出的概率值大于 $p*$，说明该主权国家的信用风险较大，相应的信用等级较低。

在企业信用评级方面，Probit 模型同样展现出其独特的价值。该模型通过假定企业破产概率遵循标准正态分布，利用企业的财务指标来线性解释企业破产的可能性。随着财务管理的发展，一系列传统财务指标被广泛用于分析企业的财务状况和风险，这些指标包括偿债能力、成长能力、营运能力、现金流量、营利能力和信用状况等。通过这些财务指标，结合极大似然估计方法，评级机构可以估计出模型参数，并据此判断企业破产的概率，进而评估企业的信用等级。这一过程与 Logit 模型的判别原则相似，都是基于计算出的概率值来进行风险评估和等级划分的。

在个人信用评级领域，Probit 模型也被应用于评估个人的信用风险。该模型选用个人背景、职业稳定性、收入水平、资产情况以及信贷历史等多个指标参与建模。通过对这些指标的细化处理，可以构建出一个针对个人信用风险的评估模型。它的判别原则与 Logit 模型保持一致，即通过模型计算得出的概率值来评估个人的信用等级，从而为金融机构提供更为精准的信用风险评级工具。

# 四、KMV 模型

## （一）KMV 模型的设计原理和理论基础

### 1. KMV 模型的设计原理

1997 年，风险管理领域的先锋企业 KMV 公司开发了一种创新的金融模型，即 KMV 模型，旨在精准预测借款企业可能的违约概率。这一模型的核心假设是，企业的信用风险主要由其资产的市场价值决定，但由于这些资产通常并未在市场上直接交易，其市场价值无法直接观察到。因此，KMV 模型采用了一种不同的方法来评估企业偿还贷款的能力。具体来说，在债务到期时，如果企业的资产价值高于其负债总额，那么股东的权益就是资产和负债之间的差额；如果资产价值低于负债，则企业需变卖所有资产以偿还债务，这时股东的权益将变为零。此外，该模型中还特别引入了预期违约率这一关键指标，以此作为衡量企业违约可能性的量度。

信用风险也被称为违约风险，是指借款人或合约义务人因信用状况变化而导致无法按期偿还贷款本息或履行合约规定的义务，从而给对方带来经济损失的风险。这种风险的存在是因为交易中的一方出于多种原因可能不愿意或无法履行合同约定，进而可能导致另一方遭受损失。在金融机构的风险管理中，信用风险是一种非常重要的风险类型，需要通过精确的管理和预测工具来控制。

违约风险主要围绕企业履行其偿债义务的不确定性进行评估，其测量通常依赖于预测企业可能违约的概率。企业违约的可能性受到多个因素的影响，其中包括企业的资产价值、资产的风险程度以及企业的负债水平。资产价值反映了企业未来现金流的现值，这不仅可以反映出企业的业务前景，还与宏观经济环境和所处行业的状况密切相关。资产的风险程度则涉及资产价值的波动性，这种波动性是对行业风险和企业运营风险的一种量化。负债水平指的是企业在其合同中承担的债务总额。当企业资产价值降至违约点（default point，DP，即企业的资产价值等于负债时的点）或以下时，即资产价值与负债值相等，企业就会发生违约。

此外，资产波动率是通过年变动率的标准差来衡量的，它与企业所在行业的特性及规模有关。违约距离（distance to default，DD）是衡量违约风险的另外一个重要指标，它是资产价值与违约点的差值与资产波动率的比值。KMV 模型利用大量历史数据，通过违约距离与预期违约率之间的关系来估算预期违约率，从而能够对企业未来的违约概率进行预测。

2. KMV 的理论基础

在 KMV 模型中，资产价值和资产波动率是关键的且不易观测的参数。该模型采用布莱克－斯科尔斯－莫顿（Black–Scholes–Merton）期权定价理论，并结合股票市场的已观测数据来估算资产价值及其波动率。该种方法摒弃了依赖历史账面数据的传统方式，转而利用资本市场的最新信息，使得违约概率的计算更加准确地反映了上市企业的当前信用状况。在该模型框架下，股票被视作企业某资产的欧式看涨期权，企业所有者则持有等同于债务面值的企业债务，此债务以企业资产的市场价值为标的的欧式看涨期权形式存在。如果到期时企业资产的市场价值超过其债务，企业将偿还债务；如果低于债务，则企业可能选择违约。由于企业的股权价值可以通过布莱克－斯科尔斯－莫顿模型来估算，KMV 模型中的未知变量 $V$ 和 $\sigma_V$ 可以据此确定。由相关金融知识可知求解方式如下：

$$\begin{cases} E = VN(d_1) - De^{-rT}N(d_2) \\ \sigma_E = \dfrac{VN(d_1)}{E}\sigma_V \end{cases}$$

$$d_1 = \dfrac{\ln\dfrac{V}{D} + \left(r + \dfrac{1}{2}{\sigma_V}^2\right)T}{\sigma_V\sqrt{T}}, \quad d_2 = d_1 - \sigma_V\sqrt{T}$$

其中，$E$ 为企业的股权价值；$V$ 为企业的资产价值；$D$ 为企业的债务面值；$r$ 为无风险收益率；$T$ 为债务偿还期限；$N(d)$ 为标准正态累积分布函数；$\sigma_V$ 为企业的资产波动率；$\sigma_E$ 为企业的股权价值波动率。

## （二）KMV 模型的基本假设和计算方法

1. KMV 模型的基本假设

KMV 模型的假设如下：当企业的资产价值低于某一特定值时，企业就会违约，与这一特定值对应的资产价值为违约点。当企业的资产价值达到违约点时，就会触发违约。

图 1-4 为 KMV 模型简图。

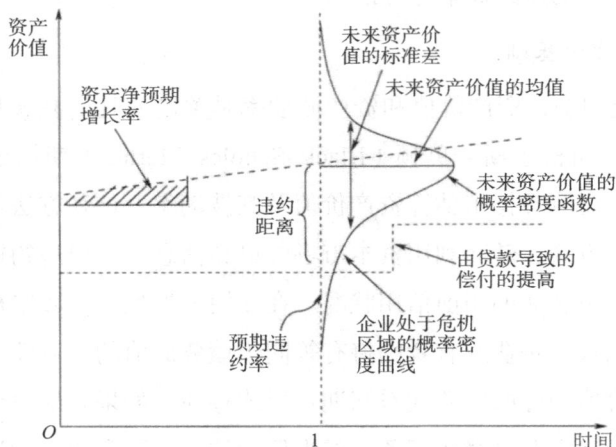

**图 1-4　KMV 模型简图**

在图 1-4 中，在某个未来给定时期内，假定企业的资产价值以资产净预期增长率增长并且服从正态分布且企业的资产价值服从某个由资产价值的期望值和标准差（波动性）决定的特征分布。未来资产价值的均值到所需清偿企业债务账面价值之间的距离就是违约距离。当资产价值的均值线下降到所需清偿企业债务账面价值线以下时就会发生违约，企业在一年后的预期违约率在图 1-4 中即表示为资产价值分布曲线和代表企业债务账面价值线以下包围所形成的面积。

2. KMV 模型的计算方法

KMV 模型的计算流程涉及以下步骤：首先，基于企业股票的市场价值及其波动性等可观测数据，推算出企业资产在未来一定时期的预期价值。其次，依据企业的负债情况来确定违约点。再次，通过分析企业的资产价值与违约点之间的差额以及资产波动性（即标准差），计算得到企业的违约距离。最后，此违约距离用于估计企业的预期违约概率。

在 KMV 模型中，违约距离是评估违约风险的核心指标。违约距离较大时，表明企业违约的可能性较低，信用风险较低，以及企业偿债能力较强；反之，较小的违约距离则暗示较高的违约可能性和信用风险，增加了企业无法偿还债务甚至面临清盘的风险。

当企业的资产价值 $V$ 低于其负债面值 $D$ 时，会触发违约。企业违约数据库提供的数据可以用来确定具体违约距离对应的预期违约率。

### （三）KMV 模型的评价

KMV 模型基于现代期权定价理论发展而来，为违约预测领域带来了创新。该模型通过以下方面展示其优势：第一，能够对所有上市企业的信用风险进行精确的量化，并在构建过程中有效利用资本市场信息；第二，选择的数据来源于最新的股票市场，从而更准确地反映企业当前的资信状态，显示出优秀的时效性和高精度的预测能力；第三，它不仅建立在现代期权定价理论的基础之上，还整合了当代企业的理财理论，拥有坚实的理论支撑。在计算实际违约概率时，只需确定企业的资产结构并计算资产价值的随机过程，即可在任何时间点得出结果，证明了该模型的便利性和实用性。

然而，KMV 模型也存在一些局限性。第一，模型主要适用于上市公司的信用风险评估，对非上市公司则需要依赖其他能反映企业特征的指标，可能影响预测的精度。第二，模型假设企业的资产价值呈正态分布，但在实际中企业的资产价值通常非正态并表现出"厚尾"现象，与假设不符。第三，模型在区分债务类型（如担保、偿还优先顺序、契约等）方面也存在不足，可能导致不准确的测量结果。其他局限性包括无法计算非线性金融产品，如期权、掉期等；只从违约角度评估风险，忽视了企业的信用品质和潜在的道德风险；未上市企业数据难以获取，影响预测的准确性；过分依赖估计技术来计算资产价值和企业资产收益率的期望及方差。

## 五、CreditMetrics 模型

### （一）CreditMetrics 模型的基本思想与框架

#### 1. CreditMetrics 模型的基本思想

企业信用风险主要由企业信用等级的变动引起，这些信用等级通常由专业信用评级机构进行确定和评定。根据 CreditMetrics 模型的假设，这些信用评级能够及时反映企业所面临的各种经济状况，包括利润下降、投资失败或融资渠道的枯竭等不利因素。因此，企业信用等级的变化被视为衡量企业信用风险的重要标准。

CreditMetrics 模型专注于分析信用等级的变动，并利用转换矩阵来记录不同信用等级之间变化的概率。通过这个矩阵，可以估算出不同的信用工具，如债券和贷款，在市场上的价值如何随着信用等级的升降而变化。该模型进一步借鉴了

金融市场中的 VaR 分析方法，采用传统的财务指标，如标准差和期望值来评估信用资产在特定置信水平下可能的最大损失，从而为信用风险提供量化的评估。

在 CreditMetrics 模型的框架内，信用风险被认为可以通过多样化的资产组合投资来有效降低。该模型采用了美国经济学家马柯维茨（Markowitz）的资产组合管理理论，强调通过组合多种不同的投资工具可以分散非系统性风险。同时，该模型也分析了组合中不同信用工具的市场价值相关性以及这些价值之间的系统性风险，这种系统性风险是由市场中的共同经济因素引起的，通常无法通过简单的资产分散来避免。

此外，该模型还深入考察了单一信用工具在整个资产组合中的影响，特别是引入了边际风险贡献的概念。这一概念用来评估如果在资产组合中增加一定数量的某种信用工具，将如何影响整个组合的风险水平。比较组合中各个信用工具的边际风险贡献，可以清晰地揭示每种工具在管理组合信用风险中的作用，进而帮助投资者更精确地量化企业信用风险，并据此做出更为明智的信贷和投资决策。

2. CreditMetrics 模型的框架

在 CreditMetrics 模型中，信贷资产价值同时受到违约事件和资产质量变化的影响。该模型采用盯市方法来计算信用风险值，并构建了一个量化框架，用于模拟信贷资产的违约波动及其潜在的变化。该模型的框架如图 1-5 所示，主要包括三个关键环节。

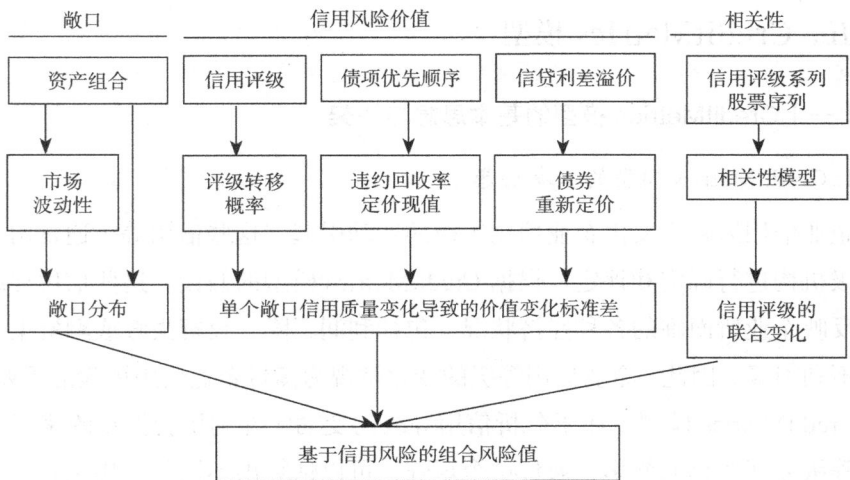

图 1-5 CreditMetrics 模型的框架

（1）敞口或内部头寸

这些头寸数据包括投资组合数据、交易账簿数据及表外项目数据等，通常被保存在金融机构的系统中。通过确保头寸数据的一致性，CreditMetrics 模型能够准确区分不同投资类型间的风险差异。

（2）信用事件所导致的单个敞口的价值波动

信用事件涉及评级变动与违约情况。在进行整体信贷组合的信用风险评估之前，必须首先量化单个头寸的信用风险。该风险评估应涵盖信贷资产在各个评级状态下的价值分布。

（3）不同信贷资产彼此的变化相关性

CreditMetrics 模型旨在计算整个信贷组合的信用风险，因此，需对不同资产间的变动相关性进行精确分析。这包括违约相关性和评级转移相关性，对于精确计算组合中的信贷资产风险值，准确评估这些相关性是极为关键的。

## （二）CreditMetrics 模型度量方法

1. CreditMetrics 模型的分析

（1）VaR 方法

VaR 也被称为"在险值"，是指在正常市场波动下，在特定持有期内，在确定的置信水平下，金融资产或证券组合可能遭受的最大潜在损失。VaR 模型的主要优势在于，其能以单一数值直观地表示出整个投资组合的风险水平、风险分散性以及风险与概率之间的关系。

它的数学定义式为

$$\mathrm{VaR}\left[X;p\right]=F_X^{-1}(p)$$

其中

$$F_X^{-1}(p)=\inf\left\{x\in R\big|F_X(x)\geqslant p\right\}$$

当 $X$ 服从连续分布时，有 $\mathrm{Pr}[X\leqslant Q_p]=p$，即 $F_x^{-1}(p)=Q_p$，我们可用 $Q_p$ 表示 VaR，VaR 方法也称为分位数风险度量。

VaR 模型就是为了度量一项给定的资产或负债在一定时间里和在一定的置信度下其价值最大的损失额。图 1-6 表示一只交易股票 1 天的 99% 均值 VaR，即在

1 天内，资产组合遭受的损失超过预期损失减去最差情况下的价值（即 VaR）的可能性为 1%。

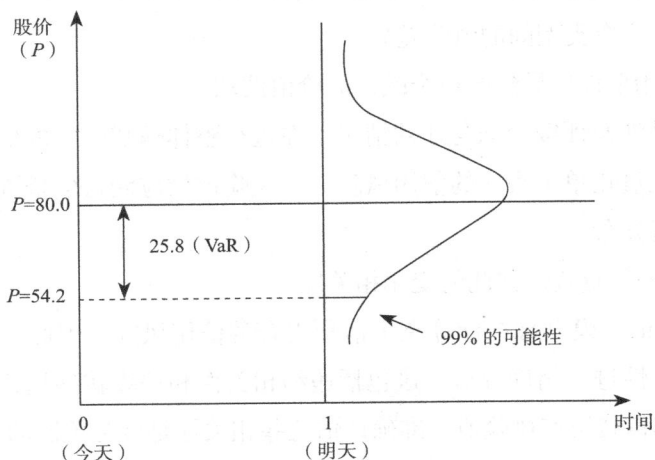

图 1-6　VaR 方法示意图

为了计算某一投资组合中的 VaR，我们假定 $W_0$ 为初始投资额，$R$ 为投资收益率。投资组合的价值在目标投资期末将为 $W=W_0(1+R)$。设 $R$ 的预期收益率和投资波动率分别为 $\mu$ 和 $\sigma$。现在定义在给定置信水平下的投资组合最小价值为 $W^*=W_0(1+R^*)$，其中 $R^*$ 为最低收益率。

相对 VaR 是对期望值而言的，VaR（平均值）$=E(W)-W^*=-W_0(R^*-\mu)$。

有时 VaR 被定义为绝对 VaR，即以美元计价的相对于 0 时刻的资产价值的损失，与期望值无关：VaR（零值）$=W_0-W^*=W_0R^*$。

在这两种情况下，找到了投资组合的最小价值 $W^*$ 或收益率的临界点 $R^*$ 就等同于找到了 VaR。

VaR 方法作为一种风险管理工具，已在全球范围内广泛应用于对金融风险的评估。它具有以下优点：第一，它能够通过事前的计算方式，预测投资组合可能承受的最大损失；第二，VaR 方法覆盖各种市场因素，包括那些导致非线性风险的复杂因素；第三，VaR 不仅涉及单一的金融工具，还能对多元化的投资组合中的风险进行综合评估。

尽管 VaR 方法在预测和管理风险方面具有明显优势，但它存在一些明显的缺陷：第一，VaR 并未提供最坏情况下的损失预测，这限制了其在极端金融波动情景下的应用；第二，VaR 结果的精确性受到样本数据变化的影响，其度量结果的稳定性和可靠性存在疑问；第三，VaR 不满足次可加性，这意味着整体的风险可能超过各部分风险的简单相加，这与分散投资以降低风险的常规逻辑相违背。

尽管 VaR 在市场风险的衡量方面表现优异，但它不能覆盖所有风险类型，如它忽略了信用风险等。因此，金融机构在进行风险管理时，不应单独依赖 VaR 方法，而应结合其他定性及定量分析工具，以获得更全面的风险评估。

在对非交易性金融资产，如贷款进行风险度量时，VaR 方法面临若干挑战。由于大多数贷款不能在市场上自由交易，其市值不易直接观测。在这种情况下，传统的 VaR 模型因无法准确获得市值变动率 $\sigma$，难以有效预测这些资产的风险水平。此外，贷款价值分布通常偏离正态分布，增加了使用 VaR 方法进行风险估计的复杂性。

（2）CreditMetrics 方法

CreditMetrics 方法提供了一个针对非交易性贷款和债券的风险评估框架。该方法通过详细分析借款企业的信用等级及其潜在的变化，计算贷款或债券的市值 $P$ 及其变动率 $\sigma$。此外，该方法还考虑了债务人信用等级的可能转变及违约时的回收率，从而对单个或组合贷款的 VaR 进行度量。CreditMetrics 方法不仅补充了 VaR 方法在非交易性资产评估中的不足，还提供了一种结合定性和定量分析的综合风险评估工具。

2. CreditMetrics 模型信用度量方法

CreditMetrics 模型是基于信用评级转移理论构建的。该模型根据标准普尔评级系统（涵盖 AAA、AA、A、BBB、BB、B 及 CCC 等级），计算一年内某一评级向另一评级的转移概率。除了这七个等级，D 级表示"违约"状态。该模型通过分析历史数据中的转移概率，并结合股票或债券市场数据，来推导企业资产价值与评级分类之间的相关性，从而估算贷款组合的未来价值变化的分布状况，并计算出对应于特定置信水平的信用损失分布，用以评估资产的信用风险。

在单一债券或贷款情况下，CreditMetrics 模型通过分析贷款价值的概率分布来评估风险，该分布基于信用评级转移的分析。该模型特别强调了一年内信用等级从一级转移到另一级的概率，并据此预测贷款资产组合的未来价值变动，突出了信用评级转移与资产组合价值变化的关联性。

假设有一笔采用等额本息还款方式的固定利率长期贷款，直至最后一期本息均付清。由利息论的知识可知，通过普通年金现值一般公式可推导出偿还贷款额现值：

$$V = \frac{C_1}{(1+r)^1} + \frac{C_2}{(1+r)^2} + \cdots + \frac{C_1}{(1+r)^n} + \frac{F}{(1+r)^n}$$

其中，$V$ 为债券价值；$r$ 为贴现率；$F$ 为到期的本金；$C$ 为每年利息；$n$ 为债券到期时的年数。

CreditMetrics 模型在一定时间段内估计贷款或债券产品将来价值变化的分布状况，价值变化是与债务人信用评级的上升、下降相关，还是与违约相关。设信贷资产价值 $V$ 的均值为 $\mu$，方差为 $\sigma$，则：

$$\mu = \sum P_i V_i, \quad \sigma^2 = \sum p_i (V_i - \mu)^2, \sum_{i=1}^{n} p_i = 1$$

### （三）CreditMetrics 模型的评价

CreditMetrics 模型为风险评估与管理提供了极大便利，增强了度量的准确性与可靠性。该模型对信用评级的变化极为敏感，有效提升了信贷资产组合风险评估的精确度。它的创新之处在于首次将信用等级转移、违约率和违约相关性整合到一个统一的框架内，全面度量信用风险。它的主要优势包括计算贷款或债券组合的预期损失和波动性，评估组合中债务人的边际风险以及多样化带来的不同效应；采用蒙特卡罗模拟方法来估算资产组合的未来价值分布，进而计算信用风险值。此外，模型成果对风险管理及对冲策略的制定具有显著影响，使金融机构能够评估整体风险规模，并为不利信贷事件建立必要的资本缓冲。

# 第二章  国内外的信用评级制度

本章为国内外的信用评级制度，主要介绍了三个方面的内容，依次为国外信用评级制度的经验、中国信用评级制度建设的现状、积极推进中国的信用评级制度建设，以期为中国的信用评级制度建设提供一定的参考。

## 第一节  国外信用评级制度的经验

### 一、国外信用评级制度的发展经验

#### （一）英国信用评级制度的发展经验

在美国的信用评级机构取得长足发展的同时，英国的信用评级机构则因制度设计缺陷而中途夭折，主要原因在于评级机构的认可由行业协会决定而不具备强有力的法律保障，完全依赖财务指标的客观评级法使信用评级成为类似于制造业流水线的机械化操作。

1978年，英国实行了公司债券评级制度，但英国的评级制度排除了分析人员的主观判断，完全依靠客观因素进行评价。因此，只要能够得到有关评级资料，就可以机械地进行评级，无论任何人进行评级，结果都是相同的，因此只需设立一家评级机构即可。

#### （二）日本信用评级制度的发展经验

日本在20世纪80年代相继成立了两家信用评级机构，分别是JCR、R&I。随后日本又批准了三家美国评级机构可在日本从事债券评级，他们是标准普尔、穆迪和惠誉。1988年，日本又将信用评级作为国内外票据发行合格性的标准之一。

同时，日本放弃了适债标准，实行评级统一化，评级制度进一步巩固。为保证评级结果的客观性和公正性，日本监管当局还规定某些证券品种的评级必须由两家评级机构做出。日本用了十余年的时间，建立和巩固了信用评级制度。

### （三）韩国信用评级制度的发展经验

#### 1. 建立信用评级均分机制，提升企业信用评级公信力

韩国信用评级行业从发展之初就受到了政府的多级分层监管，评级机构及市场占比也由政府整体把控，尤其是三家评级机构均分机制，相对于零散的评级机构，评级结果更具有权威性，长期的评级分析也更具有参考价值。韩国由政府主导建立信用评级均分机制，加强信用评级监管，评级结果、违约率与评级机构考核挂钩，一旦出现风险，就会对评级机构进行约谈或追究责任，这样进一步规范了评级市场，促使评级机构提高评级质量，提升信用评级公信力。

#### 2. 运用负相关线性关系模型分析评级市场

韩国以公司债券为中心监测企业信用等级变化，从韩国 1998—2021 年对企业信用监测分析来看，被预测为"负面"的企业，在未来数月中降级风险较高，破产企业在违约前 36 个月信用评级的中值范围从 BBB 下降到 CCC。韩国以信用等级、违约率为变量因子建立负相关线性关系分析模型，如 $Y=ax$（$a<0$），其中 $Y$ 为违约率，$x$ 为 36 个月内获得 BBB 级以上投资等级的次数，对参评企业以及其相关"供应链"企业信用状况进行长期的监测分析，以准确预测企业违约行为，有效防范"供应链"金融风险，提高评级市场分析质量。

#### 3. 建立"现金持有量"长期监测机制，促进企业提升管理优化资产

为了保持较高信用级别从而降低融资成本，韩国企业不断提升管理水平，通过持续增加现金持有量，降低财务风险，使信用等级呈现上升的趋势。评级机构将企业"现金持有量"纳入调配企业信用评级结果的重要考量标准，对高信用级别企业的"现金持有量"进行长期监测与考核，重点关注母子公司财务报表，以及营利能力与评级的关联度等问题，促使企业自我提升管理水平，不断优化资产，降低违约风险，促进评级市场良性发展。

## 二、国外信用评级制度的监管体系

国外评级制度的监管部门都对机构的执业活动提出了一定的要求，这些要求多表现为执业规范或存在于评级机构的资格认证要求中，目的是保证评级结果的可信度，同时也对评级行业的准入和竞争采取一定的监管措施。

### （一）欧盟信用评级制度的监管

欧盟作为全球经济体系中的重要力量，由于其自身的特殊性，一直沿用国际评级监管规则。在这一领域，欧洲证券监督委员会根据国际证监会组织的规定，对信用评级机构执行监管职责。由于早期监管手段不足，监督机构主要依赖于评级机构的自律行为。2003 年，欧盟出台《投资建议公平推荐和利益冲突披露指令》，鼓励信用评级机构建立内部控制机制，以避免利益冲突对评级结果的影响。2006 年，欧盟实施《资本需求指令》，准许金融机构依据《巴塞尔协议Ⅱ》选择外部信用评级机构进行资产风险权重评估，并据此确定必要的最低资本。尽管立法已经到位，但由于缺乏强制执行措施，欧洲证券监督委员会的监管作用大多是象征性的，未能有效履行其监管职能。

2008 年的全球金融危机和 2009 年的欧洲债务危机促使欧盟对信用评级机构进行了全面的监管改革，这些改革覆盖了监管主体和法律法规两个方面。欧洲证券和市场管理局取代了欧洲证券监督委员会，成为统一的监管机构。2009 年《欧盟信用评级机构监管法规》的颁布和 2010 年开始的评级机构注册与认证工作，标志着欧盟评级监管进入新的发展阶段，随后形成了修订后的《欧盟信用评级机构监管法规》。改革的监管体系主要包括：引入注册和认证制度，按类别对评级机构进行管理，确保注册机构在欧盟内部设立，通过背书制度使境外机构的评级可用于欧盟内部；未在欧盟设立分支的评级机构可以申请成为认证机构，这些机构需受到第三国的监管，但必须获得欧盟对第三国评级监管法规的认可。此外，欧盟制定了行为准则以减少利益冲突、提高评级质量、改善评级方法并提升透明度。欧洲证券和市场管理局承担日常监管职责，对违规的评级机构进行处罚。

### （二）日本信用评级制度的监管

在 20 世纪 80 年代末，日本信用评级行业的发展受到了美国金融市场发展的强烈影响。1978 年，日本经济新闻社在其报纸上首次公布了国内一些公司债券的信用评级，这一行动标志着日本信用评级业务的正式开端。此举不仅填补了市场上的空白，也预示了信用评级在金融市场中日益增长的重要性。

1985 年，随着 JCR 和日本投资者服务株式会社（Nippon Investors Service，NIS）两家本土信用评级机构的成立，以及标准普尔和穆迪等国际评级巨头的进入，日本的信用评级市场迎来了快速发展期。这一时期，信用评级机构主要依赖于市场自律进行监管。然而，这种自律监管模式很快就显示出其局限性。1987年，日本财务省引入了指定评级机构制度，这一制度要求所有希望从事信用评级业务的机构必须经过财务省的正式审批，这标志着对信用评级机构的监管开始加强。这一制度的实施，是为了确保评级机构的质量和评级结果的可靠性，从而保护投资者的利益。然而，尽管引入了这一制度，但初期的监管体系并不完善。直到 2008 年全球金融危机爆发后，日本政府意识到需要对信用评级机构进行更加严格的监管。于是，在 2009 年，日本通过了《金融工具和交易法案（修订案）》，进一步加强了对信用评级机构的监管。这一法案不仅强化了监管机构的角色，还要求评级机构建立更加严格的内部控制体系，以防止利益冲突，并提高评级结果的透明度。

为了提高监管的有效性，日本还建立了一个包括国会法案、内阁府令和日本金融服务局监督指南在内的三级信用评级监管体系。这一体系旨在通过法律、行政命令和具体指南的层层递进，形成一个全面而细致的监管框架，确保信用评级机构能在公正、透明的环境下运作，从而维护金融市场的稳定和投资者的利益。

### （三）韩国信用评级制度的监管

自 20 世纪 80 年代中期起，韩国的信用评级行业开始萌芽发展，主要是政府为了推动国内债券票据市场的繁荣和进一步保障投资者的权益。为实现这一目标，1985 年，在韩国政府支持下首家信用评级机构——KIS 成立。此后，为进一步完善信用评级体系，韩国又相继成立了多家信用评级机构，如 KR、NICE 等，共同促进了韩国金融市场的发展与完善。

韩国政府对信用评级行业的支持并不仅限于成立机构，还包括了一系列严格的监管政策。为了确保债券市场的稳健发展，政府规定只有获得 B 级以上信用等级的企业才有资格发行商业票据。这一规定有效提高了市场参与者的信用意识，促进了金融市场的健康发展。在监管方面，韩国建立了一个多级分责的监管体系。具体来说，经济财政部负责制定信用评级的相关立法，为整个信用评级行业提供法律框架；金融服务委员会则负责信用评级机构的注册和授予执照；金融监管服务局负责对信用评级机构进行具体的监管工作，并指定合格的外部信用评级机构，确保评级机构的评级活动符合标准，维护市场秩序。

面对 2008 年全球金融危机带来的挑战和机遇，韩国政府在 2009 年 10 月实施了修订的信用评级机构监管法规，进一步加强了对信用评级行业的监管。这一修订的法规要求信用评级机构在进行评级时必须确保评级过程的准确性，并防止可能的利益冲突。同时，信用评级机构还需对外披露其评级结构性产品的评级方法、评级过程及其基础资产，保证评级活动的透明性。此外，信用评级机构还被要求公开其评级业绩报告和相关数据，以供市场参与者参考，从而增强评级结果的可信度和透明度，为投资者提供更为准确的信息。这些措施的实施，不仅增强了韩国信用评级行业的规范性和专业性，也为促进金融市场的稳定与发展提供了有力支持。

# 第二节　中国信用评级制度建设的现状

## 一、中国信用评级制度的发展历程

在中国的金融体系中，信用评级业务最初由中国人民银行各省（区、市）分行系统内的评级机构负责执行。这一阶段始于 1987 年，当时中国人民银行联合国家经济体制改革委员会，提出了组建信用评级机构的设想和要求，促使全国各地纷纷着手组建本地的信用评级机构，由此，中国内部信用评级机构得以建立。紧随其后，1988 年在上海成立的远东资信，不仅是中国首家独立于金融体系的信用评级机构，也象征着中国外部信用评级机构的诞生。这一时期，中国信用评级行业的市场化程度相对较低，所提供的评级产品种类较为单一，主要集中在债券市场的信用评级服务方面。

1992 年，随着《国务院关于进一步加强证券市场宏观管理的通知》的发布，债券评级工作被正式纳入债券发行审批流程之中，从而确立了评级机构在债券发行过程中不可或缺的地位。进入 20 世纪 90 年代，尽管信用评级机构数量众多，但总体上质量参差不齐，再加上监管力度不足，导致债券市场违约率上升。面对此类问题，中国人民银行在 20 世纪 90 年代对信用评级机构进行了一系列整顿，目的在于从根本上提高评级质量，通过逐步将评级机构从中国人民银行体系中独立出来，推动行业向规范化、专业化方向发展。

2003 年，中国人民银行成立了征信管理局，标志着信用评级行业正式被纳入国家金融监管范畴。随后，一系列相关政策和规定的出台，进一步规范了信用评级市场的运作，提升了整个行业的标准和质量。2005 年，中国人民银行官方认定了中诚信国际、大公国际、联合资信、远东资信和新世纪评级为银行间债券市场信用评级的合格机构，这 5 家机构因其雄厚的资本实力、完善的体系建设、优秀的业务水平以及广泛的营业规模，成为中国信用评级行业中具有代表性和权威性的机构。

2006 年，随着商务部发布有关外国投资者并购境内企业的相关规定，中国信用评级行业首次迎来了外资的进入。在这一背景下，全球三大评级机构之一的穆迪国际与中国诚信信用管理股份有限公司（简称中国诚信，为中诚信国际的母公司）达成合资协议，穆迪购买中诚信国际 49% 的股份，而中诚信国际依然保持了控股地位。根据双方签订的相关协议，一旦国家政策许可，穆迪公司的股权比例预期将增至 51%。这一进展成为 2006 年商务部就外国投资者并购境内企业发布相关规定以来，金融领域首宗涉外并购案例的标志。从当前情况来看，信用评级行业中的中外合资机构已经展现出多个成功的实践案例。

随着中国对外开放水平的提升，信用评级行业的对外开放迎来实质性发展。2017 年 7 月，中国人民银行发布《中国人民银行公告〔2017〕第 7 号》文件，对符合条件的境内外评级机构进入银行间债券市场开展业务予以规范，标志着境外评级机构可以独资进入中国市场。2018 年，国际三大评级机构在北京成立分支机构并向中国银行间市场交易商协会提交了注册申请。2019 年 1 月 28 日，标准普尔获准进入中国评级市场开展业务。

在中国评级行业对外开放水平提高的同时，评级监管水平也进一步提升。2019 年 11 月，中国人民银行、国家发改委、财政部、中国证监会四部委联合签发《信用评级业管理暂行办法》，确立了"行业主管部门—业务管理部门—自律组织"的评级行业监管框架，为国内评级行业从多方监管走向统一监管奠定了基础。

2020年3月1日，新修订的《中华人民共和国证券法》的全面推行证券发行注册制、完善投资者保护制度、强化信息披露义务、压实中介机构的责任等内容，符合国际资本市场发展趋势，有利于中国资本市场和债券市场规范度和透明化程度的提升，对促进国内信用评级行业的高质量发展具有积极作用。

## 二、中国信用评级制度的建设成效

中国信用评级业发展已有30多年的历史，但仍处于初步发展阶段。总体上看，中国信用评级制度的建设成效如下。

### （一）信用评级机构规模不断扩大

根据中国人民银行征信管理局网站的有关信息，截至2023年7月，19个省（区、市）的52家信用评级机构在中国人民银行分支行完成备案；截至2022年2月，26省（区、市）的136家企业征信机构在中国人民银行分支行完成备案。国内众多主要评级机构在经营规模、服务范畴、员工素质以及内部管理体系建设等方面均取得了重大进展，其分析师队伍中，拥有研究生学历的比例普遍超过了50%，这反映了整个行业职业素养的持续提升。然而，这些评级机构在规模方面存在着差异性。从注册资本来看，52家信用评级机构中，注册资本在1000万元以内的有19家，1000万~6000万元的有27家，1亿~5亿元的有6家，整体来看大多数信用评级机构经济实力较强。从综合评价来看，根据新华信用平台的数据，52家信用评级机构中综合评价为AAA类的机构有13家，A类及以上的机构有26家。从区域分布来看，A类及以上的信用评级机构在北京备案的数量最多，共有10家；上海、浙江各3家，广东、辽宁各2家，江苏、湖北、海南、四川、云南、贵州各1家。综合情况较好的AAA类信用评级机构主要集中在北京、上海等地[①]。

---

① 信用中国（陕西）.我国信用评级行业高质量发展路径探析[EB/OL].（2023-01-03）[2023-11-28]. http://credit.shaanxi.gov.cn/311/11489262.html.

## （二）信用评级业务不断拓展

从 7 家评级机构产品和服务的共性来看，已形成"评级产品＋信用研究"双轮驱动模式，信用研究提供理论和现实支撑，评级产品作为落地产品服务评级市场。评级业务按照大类可以分为工商企业信用评级、金融机构信用评级、结构金融信用评级、公共融资信用评级、信贷市场企业信用评级等，以及新兴的绿色债券、绿色企业评估认证等；按照信用研究内容可以分为宏观、行业、债券市场、信用风险、评级理论、国家主权信用、国际市场等。此外，东方金诚国际信用评估有限公司、远东资信、新世纪评级、联合资信和中证鹏元资信评估股份有限公司拓展了投资者服务业务，提供机构投资者个性化服务、交流平台。

## （三）信用评级方法逐步完善

自 1992 年以来，随着《债券信用评级办法》的出台，中国逐步建立了属于自己的信用评级指标体系和方法论，这为国内信用评级制度的构建提供了坚实的基础。该办法的制定，标志着中国在信用评级领域迈出了重要的一步，开始拥有按照国际标准进行信用评估的能力。在这个过程中，中国信用评级机构广泛接纳了将定性分析与定量分析结合起来的信用评级理念。这种理念认为，信用评级既要考虑到企业的财务数据等量化指标，也要考虑到企业的管理、市场地位等定性因素，以求达到更全面、更准确的评级结果。尽管这种评级理念得到了普遍认同，但在实际操作中，各大评级机构在指标体系的选择与应用上并未形成统一标准。

针对不同的信用评级对象和行业特点，中国主要的信用评级机构构建了一系列具有针对性的评级方法体系。例如，在针对汽车行业的信用评级中，评级机构会特别关注企业的研发能力、品牌影响力、市场占有率等指标；在针对钢铁制造业的信用评级中，评级机构更加重视企业的成本控制能力、环保标准的达成情况、原材料供应的稳定性等因素。此外，建筑业和短期融资券信用评级也都有各自的评估指标和方法，这些专门的评级体系在提升评级精确度和行业适应性方面发挥了重要作用。

## （四）信用评级机构的国际合作与市场开放不断加强

随着中国金融市场的不断对外开放，以及为了履行加入世界贸易组织（World Trade Organization，WTO）时所做出的承诺，中国本土的信用评级机构与国际知名的信用评级机构之间的合作逐渐加深，显示出中国金融市场国际化步伐的加快。从 2006 年开始，包括联合资信、远东资信在内的多家全国性信用评级机构，有大部分已经经历了外资收购、参股或与外资进行技术合作等多种形式的国际交流与合作。

具体来看，联合资信与国际信用评级巨头惠誉的合资案例，是通过惠誉获得联合资信 49% 股权转让的方式完成的，这一合作模式为中国信用评级机构引入国际先进评级理念和技术提供了范例。同样，远东资信和新世纪评级也分别通过外资控股、与国际评级机构标准普尔签署技术服务协议等方式，加强了与国际评级体系的接轨，尤其是在培训、联合研究项目以及信用评级技术分享等方面的合作，大大提升了国内评级机构的专业能力和服务水平。然而，尽管国际合作与市场开放取得了显著进展，中国信用评级行业在国际化过程中仍面临着不少挑战。大公国际提供的数据显示，2008 年国际评级机构已占据中国市场 80% 的份额，而中国本土评级机构的市场份额仅为 20%，这一现状反映了中国本土信用评级机构在国际竞争中的劣势。

2012 年以来，一些信用评级机构在中国香港地区取得牌照及设立分支机构开展国际评级业务。2023 年 3 月 31 日，中诚信国际设在香港的全资子公司中国诚信（亚太）信用评级有限公司获香港强制性公积金计划管理局认可，成为其核准的首家中资信用评级机构，此前核准的 5 家信用评级机构均为外资机构，同时中国诚信（亚太）信用评级有限公司也在积极申请香港金融管理局的资质认可。在获得香港强制性公积金计划管理局资质认可后，中资信用评级机构的国际债券评级应用场景进一步扩大，对中资信用评级机构走出去有深远意义，是中资信用评级机构国际化发展取得的重要进展。

近年来，中国信用评级机构积极响应国家号召，在布局国际市场与开展国际合作方面积极探索，与金砖国家、共建"一带一路"国家信用评级机构开展多维度合作。总体来看，根据中国人民银行 2023 年 11 月的数据，中国信用评级机构境外监管认可取得新突破，已有 5 家信用评级机构获得金砖国家工商理事会席位，4 家信用评级机构加入亚洲信用评级协会，3 家信用评级机构成为国际资本市场协会会员单位。

除了传统信用评级业务，中国信用评级机构在走出去的过程中也积极创新开展多元化投资者服务与可持续金融业务。例如，中诚信国际与巴基斯坦、哈萨克斯坦、菲律宾等共建"一带一路"国家信用评级机构开展合作，发布共建"一带一路"国家首个投资价值评估产品 ISG-ES，为巴基斯坦首单绿色伊斯兰债券提供评估认证服务。

### （五）相应的法律法规建设不断完善

对比发达国家而言，中国的信用评级行业尽管仍处在初级阶段，但其在推动资金流通、促进中小企业发展等方面的作用日益凸显。信用评级在提升投资者之间的互信、加强信用意识、减少金融风险以及优化企业的融资环境等方面，发挥了不可或缺的重要作用。为了保持市场经济中所需的信用秩序，相关法律法规及政策的制定和实施，加强了对信用评级行业的规范和监督，体现了国家对维护健康金融市场环境的承诺和努力。

资本市场的健康发展离不开债券和股票融资的稳步推进以及债券信用评级制度的建立。自 1993 年以来，为了加强市场纪律、提高透明度，中国政府规定所有企业债券均需进行信用评级，且要求那些总额超过 1 亿元的企业债券必须接受国家级评级机构的评估。到了 2004 年，关于银行次级债券、保险公司次级债券和证券公司短期融资券的评级要求被纳入银行、保险及证券行业的相关规定之中。同年，《货币市场基金管理暂行规定》进一步规定，货币市场基金不得投资于信用等级在 AAA 级以下的企业债券。这一系列措施不仅促进了金融市场的整体健康发展，也促进了信用评级制度的发展和完善。

2003—2005 年，中国的金融监管部门对证券公司债券、企业短期融资券、金融机构债券、银行次级债券、保险公司次级债券以及其他金融债券进行了严格的规范，要求所有发行主体在发行前上报债券评级报告，这一举措显著提高了市场的透明度和效率。

2006 年，《中国人民银行信用评级管理指导意见》和《信贷市场和银行间债券市场信用评级规范》，为信用评级行业的规范化管理和监督提供了明确的指导和标准，标志着中国在信用评级领域内开始实施更加系统和全面的监管框架，这些措施大大增强了信用评级市场的规范性和专业性，对于提升整个金融市场的稳定性产生了积极的影响。

2018 年 3 月，根据《第十三届全国人民代表大会第一次会议关于国务院机构改革方案的决定》，保监会撤销，成立中国银行保险监督管理委员会（简称银保监会）。2023 年 3 月，中共中央、国务院印发了《党和国家机构改革方案》，在银保监会基础上组建国家金融监督管理总局，不再保留银保监会。2023 年 5 月 18 日，国家金融监督管理总局正式揭牌。这意味着，银保监会正式退出历史舞台。至此，中国金融监管体系从"一行两会"迈入"一行一总局一会"新格局。2023 年 7 月 20 日，国家金融监督管理总局 31 家省级监管局和 5 家计划单列市监管局、306 家地市监管分局统一挂牌。

# 第三节　积极推进中国的信用评级制度建设

## 一、尽快建立中国信用评级制度的必要性

### （一）资本市场呼唤信用评级制度

在资本市场运作中，信用评级制度发挥着不可或缺的核心作用。债券一旦获得信用评级，通常较未评级债券更易赢得投资者的信任。信用评级实质上为投资者提供了衡量债券信用风险程度的可靠基准，有助于投资者在投资时做出更为精准的选择。因而，发债主体可通过获取信用评级来压缩发行成本、降低筹资难度，进而推动债券成功发行。伴随中国金融体系持续开放及利率市场化步伐加快，资本市场各方参与者对信用评级的倚重日益显著。鉴于中国现有千余家上市公司，按照国际常规做法，预计将有过半数上市企业选择在债券市场筹集资金；倘若这些上市公司平均 3 年发行一次债券，则意味着每年至少有 200 家上市公司须经信用评级后方可发行债券。此外，无论是本土投资者还是国际投资者，他们都急切需要信用评级作为构建投资策略的基础依据，特别是在国际投资者对中国上市公司信用背景不够熟悉的情况下，信用评级更加成为他们做出投资判断的重要依托。

### （二）加强金融机构的管理离不开信用评级制度

金融机构特别是商业银行的运营状况直接影响到其信誉以及客户存款的安全

性。一旦银行因经营不善而失去信誉，最终可能面临倒闭的风险。因此，银行信誉的维护成为银行业务持续健康发展的关键。许多国家的政府或中央银行都意识到这一点，因此制定了一系列的银行经营评级标准。通过对商业银行的经营管理水平进行定期评级，政府及监管机构能够对不同级别的银行采取相应的管理措施。这种做法迫使那些信誉较低的银行采取措施改善其经营状况，以提高自身的信誉等级，保证银行的整体稳定和资金的正常流通。

### （三）金融监管部门对市场的监管需要信用评级制度

在中国市场经济体系建设的初期阶段，由于资本市场的不成熟和投资者风险意识的不足，市场上出现了一些违约现象，这为金融监管部门的工作带来了较大的挑战。为了有效应对这一挑战，信用评级制度的建立显得尤为重要。通过信用评级机构对债券进行的评级结果和后续的跟踪评级，监管部门可以根据债券的信用等级采取不同的管理策略。这样的管理措施有助于限制那些信用不佳的融资者的市场活动，从而有利于推动债券市场的健康发展、维护市场秩序。

### （四）中国企业走向国际化需要信用评级制度

随着全球化的深入发展，中国企业尤其是金融机构走向国际化成为一个必然的趋势。为了在国内外市场中取得更好的发展机会和更强的竞争力，建立信用评级制度显得尤为重要。如果国内的评级制度能够建立并与国际评级体系相融合，那么不仅有利于中国企业在国际市场上的竞争，还将促进国内会计、审计、信息发布体制的根本性改革。这样的改革将使得中国企业更加规范化、国际化，进而更容易地与国际市场接轨，为中国企业真正走向世界奠定坚实的基础。

## 二、建立中国信用评级制度的建议

### （一）结合中国国情，建立更具独立性的评级机构

在中国当前的社会转型阶段，直接跳跃至完全市场经济形态并非一蹴而就的过程。借鉴自改革开放以来所取得的实践经验，逐步推行适应性的改革方案显得尤为关键。鉴于中国独特的历史脉络与实际国情，在构建信用评级机构模式时，

不宜盲目照搬美国等西方国家的纯市场导向模式，同时也不能片面追求由政策法规严格驱动的模式。中国评级机构发展的正确路径应当围绕现有评级机构的深化改革展开，倡导多元化的参与方式，如吸引多个合伙制律师事务所共同投资，同时引进注册会计师、审计师等专业人士加盟，共同参与建设。在中国人民银行、国家发改委、财政部及中国证监会等部门的指导监督下，致力于孕育一个既不受制于任何政府部门，也不属于国有的独立信用评级实体。这个全新的评级实体应坚持独立公正原则，排除任何形式的政府干预和资本影响，采用统一、透明的评价标准，专门针对中国金融机构及各行各业企业的国内信用状况进行客观评级。这样做的最终目的是构筑一套能够支撑商业银行信贷决策、企业上市审批、企业重组与并购活动的有效信用评级系统，以此建立起健康有序的市场秩序，确保各项经济活动基于明晰且公认的信用评级基准而得以顺利进行。

### （二）确立信用评级机构的地位

为了使信用评级机构在金融市场中发挥出应有的作用，首先需要清晰地界定其在货币市场、资本市场以及其他信用市场中的法律地位和行为规范。这包括明确评级机构的资质要求，建立健全在市场准入及退出机制、竞争原则、评级程序和评级报告的发布等方面的规定。此外，确保评级过程和结果的透明、公开，对存在不良行为的评级机构实施强制淘汰，是维护评级行业健康稳定发展的关键。应用这些措施，可以提高信用评级结果的权威性和准确性，为投资者和市场参与者提供有价值的参考。

### （三）确立信用评级监管主体，奠定信用评级制度监管的基础

当前，中国的信用评级机构处于一个特殊的位置，它们由中国人民银行审批成立，但在监管职责分配上存在不明确的情况，没有一个单一的监管机构负责对评级机构进行全面监管。这种分散的监管体系可能导致监管盲区，因此，有必要在法律层面上明确各个监管部门的职责与合作机制，确立一个高效、协调的监管体系，从而为信用评级机构的健康运行和信用评级制度的严格执行提供坚实的基础。

### （四）积极推广评级结果的应用

从国际经验来看，无论是哪种评级模式，监管部门对评级结果的积极使用都是推动信用评级业发展的关键因素。因此，应当在政策上鼓励和促进评级结果的广泛应用，无论是在金融监管、投资决策还是其他经济活动中，都应充分利用评级信息，以提高整个市场的透明度和效率，从而促进信用评级行业的进一步成熟和完善。

# 第三章 企业信用评级与企业债券信用评级

本章为企业信用评级与企业债券信用评级，分别介绍了四个方面的内容，依次是企业信用评级、企业债券的信用评级、企业信用评级的指标体系、企业债券信用评级的指标体系。

## 第一节 企业信用评级

企业的类型多种多样，不同企业的经营特点也不尽相同，评级的侧重点不同，但基本的评级方法有相似之处。从总体上看，工商企业占国民经济的绝大多数，本节主要讨论的是工业企业和商业企业的信用评级。

### 一、企业信用评级概述

#### （一）企业信用评级的基本思路

企业是一个经济整体中负责生产的部分，评级机构需要根据一定的思路对不同的企业进行评级。

1. 遵循信用评级的国际惯例

企业信用评级和其他评级一样，评级过程必须遵循国际惯例。例如，企业信用评级的基本原则有公开传播性、简单性、可比性等。公开传播性是指评级的基本方法、框架和最后的评级结果可以通过各种媒体进行信息公开，使公众可以了解评级机构的评级方法和评级信息；简单性是指企业评级结果的相关说明简单易懂，方便相关方掌握评级对象的信用状况；可比性是指不同类型的企业在同一个体系内进行评级，对评级结果的解释基本一致，可以比较同一评级体系里不同类型的企业，如对同一信用级别但不同类型的企业比较风险大小的时候，投资者不用考虑企业类型、地区差异和货币单位即可比较。

除此之外，企业的评级过程要吸取和借鉴知名信用评价机构的经验。国内的评级机构要吸取成功企业的经验。

2. 结合中国国情

不同国家的信用风险的影响因素和表现形式不同，这是因为不同的国家国情不同，如工业化程度、经济发展阶段等不同，文化背景和社会习俗的差异也十分显著。我国的评级机构在设计企业的信用评级模型时要结合我国的现实情况，学习国外的经验，将国外的先进方法和理论与国内的现实情况相结合，建立自己的评级体系，不可照抄照搬国外做法。

3. 行业特殊性与市场共性相结合

企业可以说是生产活动的细胞，需要具有一定的资本才可以成立，以营利为目的并承担风险，在市场中进行经营，风险也来自市场，这是企业的共性。企业在具有共性的同时，又存在差异，所以在评级的时候要将企业的特殊性考虑在内，如行业、企业类型等，不能一刀切，要将企业的行业特殊性和市场共性相结合进行评级。

4. 定性分析与定量分析相结合

在企业信用评级中，既有定性分析，又有关于指标的定量分析，不同的分析特点不同：定性分析可以发挥评级人员的主观能动性，分析一些无法用定量指标来描述的特质；定量分析比定性分析更加客观，数据是主要的依据，减少了人为的影响。在企业信用评级中，综合利用定性分析和定量分析相结合的方法可以更加全面地揭示企业在经营过程中所遇到的风险。

5. 纵向比较与横向比较相结合

在评级过程中，为确保能够全面反映评级对象的发展动向，并为不同的评级对象提供公平的对比基础，评级机构通常会采取一系列科学的评级方法。这些做法主要包括纵向比较分析和横向比较分析。

（1）纵向比较分析

为揭示比率增减变化状况及其变化的原因，评级人员会分析和比较几个连续会计期间（一般不少于 3 个）的财务报表数据，进而对企业的财务状况发展趋势进行判断。

（2）横向比较分析

为客观地评价被评企业在行业中的地位，评级人员会比较被评企业的财务比率与同行业的先进比率或平均水平。

## （二）企业信用评级的基本框架

客观地说明企业的信用风险是企业信用评级的本质。确定评级对象的信用等级采用的是企业信用分析模型。该模型以定量分析为基础，考量定性因素对定量分析结果的影响及影响程度，同时将国际评级惯例和全球知名的信用评级机构关于企业评级的核心思想与我国的现实情况相结合，根据评级对象的具体情况，全方位、系统地考察和深度、科学地分析可能影响评级对象未来偿付能力与偿付意愿的各种因素及其变化趋势。图 3-1 是企业信用评级的基本框架。

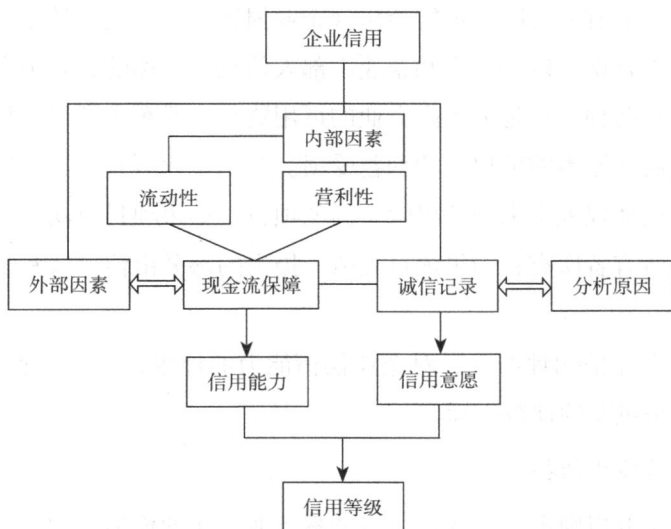

图 3-1　企业信用评级的基本框架

图 3-1 主要从信用意愿和信用能力两方面评价企业信用风险本质，也是企业

信用评级的依据。从现金流和评级对象的履职能力切入分析其信用能力，还要将企业的管理素质、基本经营情况等企业的内部因素和外部的经济大环境、政府的各项政策和监管措施、产业发展趋势充分考虑在内。在企业的诚信记录基础上，结合信用能力分析，细致分析各种不良记录，以判断企业信用问题的关键是信用意愿还是信用能力，进而研判被评企业是否愿意执行合约，执行的意愿有多强烈。最后综合研判信用能力和信用意愿，确定信用等级。

## 二、工业企业信用评级

企业的偿债能力、经营能力、营利能力、发展潜力、技术创新能力、治理水平等是企业评级时指标体系的主要构成，这是依据企业的特点进行分析的。

### （一）企业的偿债能力指标

#### 1. 偿债能力的意义

企业的偿债能力是企业信用的基本要素，若企业没有足够的实力偿还债权人的借款或者偿还借债的意愿不强，可能会出现违反合约的情况。

当两方的利益有冲突时，可能会出现企业损害债权人利益的事件，如企业的所有者与经理人合谋，以债权人和企业内部人信息不对称的方式损害债权人的利益，常见的方式两种。一是为提高企业的可用资金，股东未征得债权人的同意而发行新债，进而使原本的债权人的利益受损。二是企业所有者未告知并经债权人同意，投资了比债权人本来预估风险更高的项目。如果项目成功，超过原本利益的部分归企业所有者所有；如果项目失败，损失的部分由债权人和企业的股东共同承担。

因此，在企业信用评级中，对企业偿债能力的评级在评估过程中至关重要，偿债能力指标是重要的评级指标。

#### 2. 评估偿债能力的指标

评级机构主要以财务比率为切入点考察工业企业的偿债能力，企业偿债能力指标如表3-1所示。

表 3-1　企业偿债能力指标

| 指标类型 | 指标名称 | 计算公式 |
|---|---|---|
| 流动性比率 | 流动比率 | 流动资产 / 流动负债 |
| | 速动比率 | 速动资产 / 流动负债 |
| | 现金比率 | 立即可用的资金 / 流动负债 |
| | 现金流量比率 | 营运能力现金流 / 流动负债 |
| 财务杠杆比率 | 资产负债率 | 负债总额 / 资产总额 ×100% |
| | 产权比率 | 负债总额 / 股东权益 ×100% |
| | 有形净值债务率 | 负债总额 / 有形净值 ×100% |
| 财务弹性指标 | 已获利息倍数 | （税前利润 + 利息费用）/ 利息费用 |

以下是对部分指标的说明。

（1）流动比率

流动比率可反映企业的短期偿债能力，体现的是流动负债和流动资产之间的关系。正常情况下，工业企业的该值一般为2，当企业短期内还债能力不足，变现能力差，该值小于2；当企业的流动比率较大时，说明该企业比较保守，不能很好地利用负债经营的优势。

企业信用评级时会用到流动比率，这时要综合考虑行业背景、企业历史数据和经营中流动资产与流动负债的详细情况。现实情况中，流动比率受以下因素影响：①应收账款。企业应收账款越多，企业坏账的可能性越大，企业的变现能力就越差。②营业周期的长短。当周期长时，从收到材料开始到卖出产品收回货款的时间越长，变现能力越差。③仓库留存货物的周转速度。通常情况下，留存的货物占企业流动资产的比例为一半，留存货物的周转速度非常影响企业流动资产的变现能力。如果一个企业留存货物的周转速度很快，其变现能力会比较强，否则，速度慢，货物囤积增多，会严重影响企业的变现。

（2）速动比率

速动比率代表了流动负债与速动资产之间的关系。通常情况下，速动资产包括那些能迅速变现的资产，如现金和银行存款、短期投资、应收票据，但是待摊费用、留存货物、预付款等不包含在内。因为留存货物一般占企业流动资产的一半，所以合理的速动比率是1。

当速动比率大于1时，说明企业的偿债能力很强；相反，当速动比率小于1时，企业也许会因流动资产不足以偿付到期的流动债务而面临资金安排和使用方面的问题。然而，速动比率也不宜过高，以免妨碍企业充分发挥财务杠杆效应，进而减少企业提高收入的机会。

（3）现金比率

现金比率又称即付比率，表现的是现金及其等价物品与企业流动负债之间的关系。库存现金、短期有价证券和活期存款是企业立即可用的资金，可用来偿还短期债务。现金比率是评判企业短时间内还债能力的指标，企业短期偿债能力越好，该指标值越高。

（4）现金流量比率

现金流量比率（现金流结构比率）反映了企业利用生产经营活动产生的现金流偿还短期债务的能力。筹资活动现金流、投资活动现金流、经营活动现金流是企业的三大现金流。三者中，筹资活动现金流的规模受运营能力的影响，主要包括企业的权益融资、债务融资和信用融资，投资活动现金流会受股票市场的影响，是三者中最不稳定的。综合看，经营活动现金流是三者中极为重要的，也是评价企业信用最重要的一个指标。企业短期偿债能力可从现金流量比率看出，比率越高则偿债能力越强，比率越低则偿债能力越弱。

（5）资产负债率

企业的负债总额除以资产总额得到资产负债率，资产负债率是衡量企业财务结构的重要指标。资产负债率可反映企业长期债务的清偿能力，对于各方当事人都十分重要：一是从股东和企业所有者的角度出发，所有者提供的资金和举债筹措的资金在经营中起到的作用是没有差别的，但为了实现企业财富的最大化，当借债的利率低于资本的利润率，企业股东和企业所有者更偏向于较高的资产负债率；二是从企业债权人的角度出发，资产负债率是影响债权安全的重要因素，多数情况下债权人希望企业的资产负债率维持较低水平，这样在企业遇到财务难题被清算时，可以最大限度地减少债权人的损失；三是从经营管理者的角度出发，资产负债率反映了企业的财务风险大小，当资产负债率处于较高水平时，说明企业的经营风险较大，如果风险超过了债权人的心理预期，企业可能会面临借钱难的问题，因此，在企业经营过程中，经营者要充分估计增加的风险和预期利润之间的对比。多数情况下，工业企业的资产负债率低于40%。

## （二）企业的经营能力指标

表3-2列示的是企业的经营能力指标，反映企业经营管理能力的强弱。

表3-2　企业的经营能力指标

| 指标类型 | 指标名称 | 计算公式 |
|---|---|---|
| 营业周期 | | 存货周转天数 + 应收账款周转天数 |
| 周转率 | 存货周转率 | 销售成本 / 平均存货 |
| | 应收账款周转率 | 销售收入 / 平均应收账款 |
| | 流动资金周转率 | 主营业务收入 / 流动资产平均值 |
| | 固定资产周转率 | 主营业务收入 / 固定资产净额 |
| | 总资产周转率 | 主营业务收入 / 平均总资产 |

以下是对各指标的说明。

### 1. 营业周期

从收到存货起到卖出留存货物收回现金的这个时间段称为营业周期，通常情况下包括应收账款周转天数和存货周转天数，所以营业周期是两者的总和，可以代表将期末存货变现所需的时间。营业周期越长的企业，留存货物的变现速度越慢，留存货物所占用的资金就越多，资金利用率也就越低，反之，留存货物的变现速度越快，资金利用率就越高。需要注意的是，不同行业间的营业周期没有可比性，如制造业企业和商业企业的营业周期相差很大，所以在进行企业信用评级时不可按照一个标准衡量。

### 2. 存货周转率

留存货物管理对于企业资产管理来说是十分重要的内容，一般情况下留存货物占流动资产的一半。存货周转率既影响企业短期偿债能力，又是衡量企业够买货物进行生产、售出货物收回现金等各个环节管理水平的指标。

计算存货周期率时销售成本数据来自利润表，存货数据取自资产负债表。计算平均存货的方法有多种，如用 12 个月的存货的平均值计算（常用于企业的销量有明显的季节性特征或者销量变化波动大的企业），或者利用期初和期末存货的算术平均值计算（常用于具有持续性质的企业或者销量平稳增长的企业）。

多数情况下，存货周转率越低，说明企业的销售效率越低，积压的货物越多，流动性不强，存货变现能力弱，应收账款回收速度慢，反映出企业的存货管理不善，经营不佳。存货周转率高，有利于提高企业的经济效益。

影响存货周转率的因素如下。

一是存货的质量好坏。当企业的存货有损坏，残次品比率较高，或者多是被时代淘汰的产品时，变现速度会很慢，因为这些产品已经不符合社会需要。

二是行业特点的影响。不同行业营业周期长短不同，有的行业从存货投入到消耗完的时间较长，有的行业周期短，周转快，故不同行业之间的存货周期率没有可比性。

三是企业的经营政策不同。例如，企业想较快地扩大销售，而生产过多的产品，结果可能造成货物积压。

通常情况下，存货周转率低反映出经营效率低，这就要求企业加强管理，或者调整经营方式，生产市场需要的、有潜力的产品，并适时调整存货量。另外，存货周转率过高，也能反映出企业存在的问题，如供应量不足，无法满足市场需求，会因采购频率过高而导致采购费用增加。因此，企业应将存货周转率控制在合理范围内。

3. 应收账款周转率

企业售出产品后可能过一段时间后才能收回货款，这时就形成了应收账款。应收账款是通过计算利润表中扣除了折扣和折让后的销售净额除以平均应收账款（资产负债表中的期初应收账款与期末应收账款余额的平均值）得出的。应收账款周转率低，反映出企业应收账款的回收速度低，催收账款的效率低，进而影响企业资金的正常运转。当企业应收账款周转率高时，说明应收账款的回收速度快，会增强企业资产的变现能力和短期偿债能力。但应收账款周转率不是越高越好，高时可能反映出企业的信用政策过严，影响销售。同时，季节性经营、客户结算方式、年末销售变动等都会影响应收账款周转率，这都是评级人员应该注意的。

### 4. 流动资金周转率

流动资金周转率是反映企业全部流动资金的利用效率的指标。期初流动资产和期末流动资产的合计数除以2得到的是流动资产平均值。

流动资金周转率低反映出企业有浪费资金的情况，营利能力会降低。当流动资金周转率高时，企业的流动资金周转速度快，流动资金比较节约，进而企业有更充分的资金投入，营利能力提升。

### 5. 固定资产周转率

固定资产周转率体现企业固定资产的利用效率，涉及厂房、建筑物、机器设备等的运用状况。通过该指标，我们可以评估企业在生产与销售过程中对固定资产的利用程度。固定资产周转率高表明固定资产利用效率高、管理水平优秀；固定资产周转率低表明可能利用不足，管理水平待提高。评级时需综合考虑固定资产的来源结构、固定资产原始价值、使用年限、折旧政策等对企业的影响。

### 6. 总资产周转率

总资产周转率用于评估企业资产利用的整体效率，其中平均总资产的计算方式为期初总资产与期末总资产的平均值。当总资产周转率处于较高水平时，表明企业资金周转迅速，资产利用效率较高，销售能力较强。相反，若总资产周转率较低，则反映出企业在资产利用方面的效率较差，可能对企业的营利能力产生不利影响。为改善这一比率，企业可考虑采取多种策略，如通过薄利多销加速资金流转，进而增加业务收入，或处置闲置资产以降低平均总资产数值。

### （三）营利能力指标

表3-3列示的是企业通过经营获得利润高低的指标，即营利能力指标。

表3-3  企业的营利能力指标

| 指标名称 | 计算公式 |
| --- | --- |
| 销售毛利率 | 毛利 / 销售收入 × 100% |

| 指标名称 | 计算公式 |
|---|---|
| 销售净利率 | 净利润 / 销售收入 × 100% |
| 成本费用利润率 | 利润总额 / 成本费用总额 × 100% |
| 资产报酬率 | 净利润 / 平均资产总额 × 100% |
| 每股收益 | 净利润 / 普通股股数 |
| 净资产收益率 | 净利润 / 平均股东权益 × 100% |

以下是对各指标的说明。

1. 销售毛利率

毛利是从净销售收入中减去销售成本后所得到的利润。它反映了企业在销售活动中，每一元销售收入扣除销售成本后，剩余的金额可用于支付各项期间费用或形成企业的盈利。

销售毛利率反映企业毛利占销售收入的比例，高销售毛利率通常表明企业营运良好，获利能力强。这一指标受定价政策和成本控制的影响，通常情况下，定价高、成本控制严会提高销售毛利率，反之则降低销售毛利率。在进行评级分析时，必须充分考虑固定资产的折旧方法和存货的计价方式等会计处理方法。

2. 销售净利率

销售净利率，即企业税后利润与销售收入之比，用以量化企业每 1 元销售净收入中所能实现的净利润额度。在销售毛利基础上，需扣除管理费用、财务费用、销售费用、所得税、销售税金及其他税金等费用，最终得到净利润。销售净利率能够直观地体现企业的获利能力。若销售净利率较高，则表明企业具备较强的获利能力；反之，则可能意味着企业的获利能力存在问题。

在现实情况中，销售净利率在不同行业之间存在显著的差异。通常情况下，资本密集型企业的销售净利率相对较高。因此，评级人员在执行评级任务时，必须充分考虑到行业因素的影响，以确保评级结果的准确性和客观性。

### 3. 成本费用利润率

将企业的利润总额与成本费用总额相除得到成本费用利润率，该指标反映企业取得利润所需支付的成本费用大小。成本费用利润率高，表明企业营利能力强。评级人员可通过该指标评估企业营利能力及成本管理能力。

### 4. 资产报酬率

资产报酬率也称为资产收益率或投资回报率，是评估企业在特定时间段内利用其资产产生回报的效率指标。当资产报酬率较高时，表明企业对于每单位资产的利用能够产生较高的回报。在评价企业时，我们通常采用与同行业内其他企业进行比较的方法。在竞争激烈的行业环境中，行业内各企业的资产报酬率通常会趋于相近的水平。若某一企业的资产报酬率高于行业平均水平，则意味着该企业在资产利用方面表现优异，有效提升了收入。相反，若企业的资产报酬率低于行业平均水平，则可能反映出该企业在资产管理和经营效率方面存在不足，需要进一步优化和提升。

资产报酬率受产品价格、单位成本、产量和资金占用等因素的影响。在其他条件不变时，产品价格高、单位成本低、产量大、资金占用少，资产报酬率就高。

### 5. 每股收益

企业的每股收益反映的是企业每年的税后净利润与其权益之间的比率，这是专门用于评估股份制企业营利能力的分析指标。通常情况下，企业的每股收益数值越高，即表示该企业在当年的获利能力较为显著，同时也反映出其偿债能力相对较强。

当评估企业指标时，除了分析绝对指标和相对指标，还需分析每股收益结构。企业收益来源包括主营业务收入、投资收益和营业外收支净额。投资收益最不稳定，特别是来自股票的投资。因此，要关注主营业务收入占企业每股收益的比例，只有主营业务收入占比较高，企业的获利能力才具有长期稳定性。

### 6. 净资产收益率

净资产收益率，即净利润与平均股东权益之比，反映股东权益收益水平及资本运用效率。高的净资产收益率意味着丰厚的投资回报。该指标从所有者角度评估企业的盈利水平，补充了每股税后利润评估的不足。

### （四）企业的发展潜力指标

在构建企业信用评级体系的过程中，必须充分考量企业未来的偿债能力，因此，企业的发展潜力对于全面评估企业的信用状况，特别是企业的长期信用表现，具有至关重要的作用。为准确评估企业的发展潜力，评级人员可以运用一系列关键指标，包括但不限于销售增长率、净资产收益率增长率以及每股收益增长率等。这些指标能够为评级人员提供全面的视角，确保评级结果的严谨性、稳定性和客观性。

#### 1. 销售增长率

销售增长率是衡量企业在一定时期内市场拓展和销售绩效的关键指标。它表示本期销售额与基期销售额之间的增长比例，通过计算可了解企业在市场的竞争地位和销售策略的有效性。销售增长率的计算公式为：销售增长率＝（本期销售额--基期销售额）÷基期销售额×100%。销售增长率反映了销售活动的成果，企业为企业未来的市场规划和策略调整提供重要参考。

企业的销售增长率是衡量其发展潜力的重要指标之一。通常情况下，销售增长率越高，意味着企业的发展前景越广阔。然而，在评估企业时，评级人员还需综合考虑多个因素，这包括企业产品所处的生命周期阶段、产品在市场中的占有率，以及除了销售部门，其他如生产、研发等部门的运营状况等。此外，企业的管理能力也是评级过程中的关键因素。值得注意的是，即使某些企业的销售增长率相对较低，但其产品市场潜力巨大，评级人员仍可能给予更高的评级。因此，在全面评估企业的潜力和价值时，需综合考虑多个维度，确保评级结果的准确性和客观性。

#### 2. 净资产收益率增长率

净资产收益率增长率用于体现企业净资产收益率的增长态势，其计算公式如下：净资产增长率＝本期净资产增加额÷上期净资产总额×100%。

通常情况下，企业的净资产收益率若呈现快速增长态势，这在一定程度上反映了企业资金运用效率的提高，预示着企业具备较大的发展潜力。

#### 3. 每股收益增长率

就股份制企业而言，为了精确地评估股东获得每股收益的增长情况，需要遵循以下计算公式：每股收益增长率 =（当年每股盈利－上年每股盈利）÷ 上年每股盈利。该数值的大小直接反映了企业的发展潜力及增长动力。因此，该指标对于股东、投资者以及企业决策者都具有重要的参考价值，能够为他们的决策提供科学、客观的依据。

### （五）技术创新能力指标

#### 1. 技术创新投入指标

技术创新投入指标着重体现了一个企业在技术创新领域的全面投入，涵盖人员配置、设备采购以及资本注入等多个方面。在技术创新的全过程中，人员因素占据核心地位，发挥着最为积极主动的作用。

（1）人员投入

人员投入指标主要考评技术创新组织机构的设置和人员结构状况。评级人员需观察企业是否设有专门的研发机构，以及其在企业中的隶属关系。此外，研发人员在职工总数中的比例、研发人员年龄和文化素质结构也是影响企业创新能力的重要因素。

人员流动率是企业人力资源管理能力的体现。高人员流动率有利于技术创新，而低人员流动率可能制约技术创新。企业应关注人员流动率的变化，优化人力资源管理，推动技术创新。

（2）设备投入

企业技术创新设备投入是否充足，是技术创新活动能否顺利进行的关键要素之一。

企业平均设备水平结构反映设备先进性，技术创新设备占比体现技术创新水平，微电子控制设备占比则反映生产设备智能化程度。

（3）资金投入

资金投入指在企业技术创新活动中所投入的资金总额，包括直接投入和间接投入两大部分。直接投入主要指的是研发经费，它直接用于技术研发、产品创新以及新技术的开发等方面。间接投入则包括培训费用等，这些费用虽然不直接参与技术研发，但对企业技术创新活动的顺利进行和人才培养起着至关重要的作用。在评价企业技术创新活动的投入情况时，可着重关注技术研发的经费开支，包括引进国内外技术的费用支出以及企业培训费用支出等，以全面、准确地评估企业在技术创新方面的投入力度和成效。评级人员还可以关注以下几个关键指标：人均技术研发投入＝技术研发投入／企业员工总数；技术研发经费投入强度＝技术研发经费投入／企业销售收入；人均培训费用＝培训费用／企业职工总数。

2. 技术创新产出指标

作为评价企业技术创新效益的关键指标，技术创新产出指标涵盖了收益性产出和技术性产出、能力与潜力、技术创新风险、创新速度等多个维度。这些指标旨在全面、系统地评估企业技术创新活动所取得的成果与效益。

（1）收益性产出指标

技术创新收益性产出指标的核心构成包括两个方面：第一，创新产品销售收入在企业整体产品销售收入中所占的比例，这一比例通过计算创新产品销售收入与企业产品销售收入总额的比值来得出；第二，创新产品实现利税在企业整体产品实现利税中的占比，这一占比通过计算创新产品实现利税与企业产品利税总额的比值来确定。这两个指标成为衡量技术创新收益性产出的重要指标。

（2）技术性产出指标

在技术创新能力的评级体系中，技术性产出指标占据重要地位。除了考量企业在一定时间内通过技术创新产出的专利数量或技术成果数量，还需深入探究其他关键要素。这些要素包括但不限于专利的利用率，即实际利用的专利数量与总专利数之比，以及技术成果的转化率，即成功转化的技术成果数量与总技术成果数量之比。同时，创新产品在企业所有产品中的比重，即创新产品种类数除以产品种类总数，也是评估创新效果的重要指标。此外，对于企业的技术创新成果，还需进一步分析其技术水平结构，即这些成果在国际先进水平、国际水平以及国内先进水平之间的分布和比例关系。这些分析有助于全面、准确地评估企业的技术创新能力及其在国际竞争中的地位。

（3）能力与潜力指标

能力与潜力指标旨在全面反映企业在技术创新领域所取得的成果及其发展潜力，涵盖了以下三个方面：第一，创新产品对市场占有率的贡献，通过比较创新产品与原产品市场占有率的变化来量化；第二，创新产品质量的提高程度，通过对比创新产品与原产品在质量水平上的差距来度量；第三，创新产品成本的降低幅度，通过计算原产品成本与创新产品成本之间的差异来评估。这些指标共同构成评价企业技术创新绩效的重要体系。

（4）技术创新风险指标

技术创新过程中，风险因子众多，部分创新投入可能无法获得预期的回报。鉴于此，在企业信用评级体系中，评级人员需格外关注企业技术创新风险指标，以确保评级结果的准确性和公正性。

（5）创新速度

创新速度指创新项目从构思到使用的时间。加快创新速度，企业可率先获得技术垄断权，在市场竞争中占据优势地位，获取超额利润。

**（六）企业的治理水平指标**

在国内外众多企业遭遇破产或丑闻曝光后，其背后的公司治理问题逐渐浮出水面，给社会带来了深刻的反思。这些事件不仅暴露了公司治理的缺陷，也凸显了其在维护社会稳定和保障投资者权益方面的重要性。在此背景下，投资者和监管层深刻认识到公司治理的紧迫性和必要性。

1.公司治理评级的意义

公司治理是一套制度性安排，旨在规范出资者与管理者的关系。现代公司治理涵盖内部治理与外部治理两大层面，其主体也扩展至涵盖债权人、消费者、供应商、员工、客户、社区及政府等多元利益相关者。

公司治理水平对企业中长期表现及股东和其他利益相关人的利益保障至关重要。标准普尔于1998年建立了一套公司治理评价体系，综合了国际组织和专家的公司治理原则。自2000年起，该体系用于评估公司治理水平，并逐渐获得市场认可。

在中国，评级机构对于公司治理方面的评价，能够全面、客观地展现被评企业的真实运营状况。这样的评价不仅有助于企业自我审视并发现治理层面存在的问题，进而推动公司治理的改进，还为企业制定和实施公司治理战略提供了重要参考。因此，评级机构在提升公司治理透明度和促进企业发展方面发挥着不可替代的作用。

2. 公司治理评级的内容

公司治理评级是在企业内部和外部治理内容的基础上评价的，主要关注以下方面。

（1）企业的股权结构

中国的一些企业在股权结构方面表现出不规范之处，如民营企业中"一股独大"的现象。此类问题易诱发企业经营者通过内部交易转移优质资产，进而造成中小股东权益受损。

（2）董事会结构

董事会在企业中占据举足轻重的地位，通常而言，涉及企业的重大事务，诸如企业合并、分立，以及重大的对外投资等，均需经由董事会进行决策或向股东大会提交方案。

（3）监事会结构

监事会作为企业内部监督机构，负责对董事会和高级管理人员进行监督，以确保企业运作的合规性和合法性，从而维护所有者权益。

（4）高级管理人员的结构与权限。

作为企业运营的核心力量，高级管理人员团队涵盖了总经理、副总经理、财务总监及董事会秘书等关键职务。他们具备深厚的商业洞察力和决策能力，能够为股东带来丰厚的财富回报，但同时伴随着逆向选择和败德行为的风险。在复杂的商业环境中，他们可能会出于个人利益考虑，做出损害股东权益的决策，甚至与大股东勾结，侵害中小股东的利益。因此，制定对于高级管理人员的监督与制衡机制显得尤为重要，以确保企业稳健发展并保障所有股东的合法权益。

（5）对中小股东的保护措施

对中小股东的保护措施也是衡量公司治理水平的重要指标。

（6）企业的信息披露状况

企业必须真实、完整、及时地披露信息，否则投资者无法准确评估其投资价值，导致企业失去公信力。因此，信息披露是企业的义务和投资者评估企业价值的重要依据。

## 三、商业企业信用评级

企业生产的产品需经流通领域进入消费市场，商业企业在流通过程中扮演着重要角色。下面重点介绍评级机构如何对商业企业进行信用评级。

### （一）商业企业的分类与特点

#### 1. 商业企业的分类

商业企业指的是那些在商品流通环节积极参与批发与零售活动的企业。根据2017年10月1日起实施的《国民经济行业分类》（GB/T 4754—2017），商业企业可被归类于F门类，并可被细分为两大类。

（1）批发业

批发业企业向批发或零售单位及其他企事业单位、机关销售生活用品和生产资料，同时进行进出口贸易和贸易经纪与代理活动。批发商可以拥有货物所有权，以自身名义交易，也可做代理销售商。此外，批发业还包括固定摊位的批发活动。批发业涵盖以下活动：①农、林、牧、渔产品批发；②食品、饮料及烟草制品批发；③纺织、服装及家庭用品批发；④文化、体育用品及器材批发；⑤医药及医疗器械批发；⑥矿产品、建材及化工产品批发；⑦机械设备、五金产品及电子产品批发；⑧贸易经纪与代理；⑨其他批发业。

（2）零售业

零售业企业指的是百货商店、超市、专卖店等直接向最终消费者（如居民）销售商品的企业。这些企业不仅包括传统的实体店铺，还涵盖通过互联网、邮政、电话和售货机等渠道进行销售的单位。同时，那些在同一地点后面加工生产、前面销售的店铺（如面包房）也属于零售业企业范畴。

需要注意的是，某些商品的销售，如谷物、种子、饲料、牲畜、矿产品、化工原料以及机械设备（乘用车、计算机及通信设备除外）等，虽然可能采用零售形式，但不被视为零售活动。

#### 2. 商业企业的特征

与工业企业比较，商业企业的主要特征如下。

（1）以商品流通为中心

工业企业利用机器设备加工原材料，生产满足社会生产和人民生活需求的产品，而商业企业则负责购买和销售商品，以及与其相关的运输和储存业务，将商品从生产领域转移到消费领域，满足消费需求。商品流通过程的四个基本环节包括商品的购进、运输、储存和销售，商业企业一般不进行深加工，但一些企业也从事浅加工。

（2）经营周期较短，资金周转较快

商业企业省略了生产环节，能缩短经营周期，减少固定资金占用。资金主要用于经销商品和购买物流设备，周转速度快。商流与物流分离也加速了资金周转。

（3）经营利润较低，在各行业中处于中下水平

商业企业的利润是商品售卖价格高于购买价格的差额，主要由让渡利润、追加利润、级差利润、转移利润和管理利润等构成。其中，利润最主要的部分来自生产企业的利润让渡，因为商业企业帮助生产企业推销商品，减少了商品流通费用，加快了资金周转，从而获得了部分利润。然而，这种利润让渡是在商业企业和生产企业之间的竞争中实现的，统计数据显示，商业企业的利润率总体较低。

（4）经营效果与业务量紧密相关

商业企业的经营活动在很大程度上受到规模效益的影响，因此需要较大的业务量来支撑其运营。正因如此，构建庞大的销售网络成为商业企业追求发展的重要途径。

（5）行业竞争激烈

由于商业企业不生产，技术含量较低、经营门槛低、易进易出、竞争激烈。

**（二）商业企业信用评级的内容**

评级机构在商业企业评级过程中，应深入考量企业的固有特性，并从多维度出发，全面评估其信用能力与信用意愿。

1.定性分析

商业企业信用评级的定性分析关注影响企业经营的要素，涉及以下方面。

（1）行业风险

商业企业作为流通领域的主要经营者，受行业风险影响。

①行业相对稳定。商业企业经营的产品多为日常消费品，受经济周期影响，波动幅度相对较小。即使在经济低谷期，部分企业也能以低利润拓展市场，实现稳定发展。

②产品销售有明显的季节性。商业企业在营销过程中，通常利用节假日效应刺激销售增长。节假日期间，销售数据往往会显著上升，对整体盈利产生重要影响。尽管市场环境和产品多样性对节假日效应产生一定冲击，使其逐渐减弱，但其季节性特征依然明显。因此，企业在规划销售策略时，仍需充分考虑节假日因素，以确保有效把握市场机遇，实现长期稳定的商业发展。

③受大众消费文化的影响十分显著。商业企业与消费紧密相连，消费活动受多种因素影响，如文化、习惯、时尚等。商业企业要想成功，需适应消费者需求，关注商品变迁和消费模式转变。例如，在零售业中，居民习惯到超市或大卖场自由消费，柜台式销售逐渐没落。

④与区域经济发展息息相关。大多数商业企业经营区域有限，集中于某一区域，经营范围较小。因此，经营所在地的综合因素对商业企业有较大影响。区域经济的发达程度和大众购买力决定企业市场容量；地区风俗习惯和消费观念与行为影响商业企业利润。

（2）企业的竞争力分析

①企业的知名度。知名度是商业企业重要的非物质资产，是企业生存的基石，也是企业其他能力形成的先决条件。鉴于流通领域的企业竞争日趋激烈，若商业企业未能积累一定的知名度，则难以在市场竞争中立足。优秀的知名度有助于企业顺利推广产品，并在资金筹措时得到及时援助。

②市场份额。市场份额是评估企业在市场中所处地位的关键指标，通过对其进行分析，可以清晰地了解企业是市场的领导者还是仅占据微不足道的市场份额。

③企业营销模式。商业企业在实现盈利的过程中，营销模式扮演着举足轻重的角色。面对消费者日益多样化的需求以及激烈的市场竞争，企业不得不进行专业化的分工，以更专注于特定的细分市场。因此，专业连锁服务商应运而生。同时，随着大卖场等新型商业模式的崛起，传统的百货业也在经历变革，从原先的综合百货逐渐分化出青春流行百货、精品百货等多样化的大众百货形式。超市行业同样呈现出多种形态，包括标准超市、便利店等。这些不同的商业模式各具特色，

并在特定的情境下展现出其独特的适用性。因此，评级人员在评估企业时，必须密切关注企业所选择的营销模式，以及其是否与企业自身的实际情况相契合。

④扩张能力与选址能力。在评估商业企业时，必须深入了解其扩张策略，特别是其开设新分店的计划。评级人员必须分析这些计划是否与企业现有的资金实力相匹配。在企业的扩张过程中，选址能力尤为关键，因为它直接关系到客流量的多少，从而决定了企业可能达到的市场容量上限。尽管选址策略具有一定的灵活性，可以进行调整，但它仍然能够在一定程度上反映出企业在目标客户细分、信息搜集以及计划执行等方面的能力。

⑤资源整合能力。企业资源多不一定竞争力强，关键在于整合能力。外资涌入后，消费市场竞争激烈，商业企业并购频发。并购可获更多网点，助力商业企业发展成大型国际集团。但整合资源的有效性是提升竞争力的关键。

（3）管理状况分析

①管理层能力。商业企业的经营成功与否，与管理人员的素质高低有着密切关联，这与工业企业无异。因此，对于评级对象的管理层构成及其能力、战略眼光等各方面的深入分析，能够为评级人员提供评价该企业的有效依据。

②成本控制能力分析。尽管各类商业企业在经营模式上存在差异，但它们的核心竞争点仍然聚焦在成本控制上。在日益激烈的零售业竞争中，企业的成本控制能力起强弱已经逐渐成为商业企业管理有效与否的决定性因素之一。

③供应商管理能力。采购管理是成本控制环节中最为核心的部分，商业企业与供应商之间的合作关系至关重要。若商业企业能够维护与供应商之间的良好关系，则有助于在产品价格、付款条件等方面获取优势，进而实现采购成本的显著降低。此外，当企业面临波动或低潮时，稳固的供应商关系也能为企业提供必要的支持，确保企业的稳定运营。

办公、差旅、人力资源省下的成本只是小部分，运营和物流才是成本大头。沃尔玛的成本之所以低于行业平均成本，是因为其通过大规模采购降低了成本，获得了质量优势，它直接向制造商采购，消除了中间环节费用。

因此，评级人员需对商业企业的供应商管理系统的完备性、系统控制的有效性以及其与产品供应链各环节的整合程度进行全面评估。

④物流分配能力。商业企业的商品运输与配送至关重要，物流分配能力直接

影响企业的资金和商品资源利用效率，关乎费用控制。此外，物流分配的效率也决定了企业能否及时送货，反映了其服务质量，进而影响顾客口碑和企业声誉。

⑤公司治理水平分析。商业企业的公司治理水平评估可从以下四方面入手，即股权结构、制衡机制、授权机制和信息透明度，这些维度的综合考量有助于评估公司治理水平。

（4）会计政策与报表质量分析

①存货计价政策。商业企业通过购入存货再销售出去，因此存货的会计处理对其来说尤其重要。

商品流通企业购入的商品，其实际成本包括进价和应计入商品成本的税金，其他费用计入当期损益。除批发业企业外，多数零售业企业采用售价核算制核算库存商品。但售价核算制易导致利润虚增，评级人员需关注盘点、实物控制等制度，避免存货计价差异导致利润计算不一致，确保商业企业真实利润得到客观反映。

②合并报表的真实状况。当前，部分商业企业采取连锁或加盟的经营模式。无论是同城还是跨地区，这类企业往往都设立了一定数量的独立核算分店。在评估过程中，评级人员需审慎考察企业总部是否真正持有这些分店的股权及控制权，以确保财务报表的真实性与准确性。通过深入分析这些因素，评级人员能够更全面地了解企业的运营状况及财务状况。

③其他会计政策。除了会计政策，评级人员评估商业企业时还需考虑会计政策变更及其原因、商誉与无形资产处理原则、减值准备计提情况、经营租赁下租金费用确认、会计师事务所审计意见及报表异常。

（5）信用状况分析

①供应商应付账款的清偿情况。商业企业常需大量存货，依赖于供应商的信用支持，因此应付账款成为其主要负债。评级人员通过查询应付账款清偿情况，可了解企业信用状况。供应商账期长短可体现企业信用，账期调整可能暗示信用问题。应付账款清偿时间、拖欠或违约情况也能反映企业资金与信用状况。

②银行借款的偿付情况。在现今的国内市场，银行贷款仍是企业融资的主要渠道。商业企业的销售活动往往呈现出明显的季节性特征。在销售高峰期，企业往往资金需求激增，此时，银行信用的支持尤为关键。评估商业企业的信用状况

时，评级人员需密切关注企业在销售高峰期与银行间的资金流动情况，以及企业能否按时偿还银行贷款，从而全面、客观地评估企业的信用水平。

2. 定量分析

定量分析重点聚焦于财务报表数据，通过深入分析资产负债表、利润表、现金流量表等核心报表的相关数据，旨在全面揭示商业企业的财务状况。在进行定量分析时，评级人员可从现金流量状况、运营效率、营利能力、偿债能力以及发展前景等多个维度展开详细分析。

3. 特殊分析

由于商业企业的特点，评级人员在评级过程中还要注意以下几个方面。

（1）应诉准备

鉴于众多商业企业直接面向数以万计乃至数十万计的广大消费者，在商品销售与客户消费过程中难以避免纠纷。因此，评级人员在评估商业企业时，必须审慎考虑其针对客户计提的赔偿准备金情况、日常应急措施的完备性，以及应诉准备体系的建立和健全。这些都是评估商业企业稳定性和可持续性的重要因素。

（2）安全防范与保险

在商业运营中，众多企业经常面临公众在室内环境进行消费或选择商品的场景。在这样的背景下，确保为消费者提供一个安全无忧的购物环境显得尤为重要。因此，评级人员应深入考察企业所采取的安全防范措施是否全面且有效，并仔细排查是否存在安全风险。此外，评估企业对于商业保险的购买情况也是关键一环，以应对可能发生的意外事件，从而为消费者提供更加坚实的保障。

（3）公共关系

企业知名度对品牌形象至关重要，因此商业企业需在公共关系上投入资源。评级人员除关注公关费用外，还需考虑企业特殊的公共资源，这对评级至关重要。

## 第二节　企业债券的信用评级

在企业债券发行过程中，信用等级的评定至关重要。该评定不仅有助于投资者做出明智的债券投资决策，也是降低发行成本的有效途径。

## 一、企业债券信用评级的定义

信用评级机构在收到发行人提供的信息材料后，会采用一系列调查、预测等科学分析方法，对债券资金使用的合理性、债券本息的按期偿还能力以及潜在风险进行综合评价。这一评价旨在将债券的可靠性、风险程度等关键信息以简洁的符号或说明形式呈现给投资者，为他们的投资决策提供重要参考。通过企业债券信用评级，投资者可以更清晰地了解债券的信用状况，从而做出更为明智的投资选择。

## 二、企业债券信用评级的目的

许多国家有专门的债券评级机构，根据发行人要求评定债券信用等级，尽管不强制要求债券信用评级，但未经评级的债券在市场上难以被接受和销售。因此，公开发行的企业债券通常自愿申请评级。

此外，债券信用评级在传递发行人信誉及偿债可靠性方面发挥着至关重要的作用，为投资者提供了关键的风险评估依据。虽然公开发行的债券要求发行人详尽披露相关信息，但是由于信息内容的多样性和高度专业性，并非所有投资者都能准确地评估发行人的偿债能力。因此，债券评级机构采用简洁明了的符号体系，为投资者提供关于债券风险性的核心信息，有助于投资者做出更为明智的投资决策。此举不仅保障了投资者的利益，也降低了信息不足可能带来的风险。

## 三、企业债券信用评级的根据

债券信用评级不关注债券的市场价格、销路或投资收益，而是针对发行人的偿债能力、资信状况及投资者风险水平进行评估。表3-4总结了评级机构在评级过程中需要考虑的三个主要因素。

表 3-4　评级机构在评级过程中需要考虑的三个主要因素

| 因素 | 具体内容 |
|---|---|
| 债券发行人的偿债能力 | 预期盈利 |
| | 负债比例 |

续表

| 因素 | 具体内容 |
|---|---|
| 债券发行人的偿债能力 | 能否按期还本付息 |
| 债券发行人的资信状况 | 在金融市场上的信誉 |
| | 历次偿债情况 |
| | 历史上是否如期偿还债务 |
| 投资者承担的风险水平 | 破产可能性的大小 |
| | 破产后债权人所能受到的保护程度 |
| | 破产后债权人所能得到的投资补偿程度 |

# 第三节　企业信用评级的指标体系

## 一、建立企业信用评级指标体系的原则

企业信用评级指标体系是评级人员开展评级活动的基础准则，同时也是评估信用评级结果公正性与客观性的关键尺度。若无科学完备的信用评级指标体系，则难以确保评级结果的公正性与客观性。因此，构建企业信用评级指标体系必须在正确的指导原则下进行，方能满足既定要求。

### （一）全面性

经过理论层面的深入分析，一个完善的指标体系应当能够精准地体现评级对象的特质及其实际水准。在构建企业信用评级指标体系时，必须囊括所有可能影响评级对象的因素，并根据各因素的不同影响程度，赋予其在指标体系中相应的权重。每一个具体因素都应量化为一个明确的指标，并根据其对评级对象的影响程度进行差异化加权。这样的指标体系不仅全面、系统，而且具备合理性。

在信用评级领域，指标体系的设计应全面涵盖所有与评级对象信用状况相关的要素。这包括了对评级对象历史业绩的评估，以及对未来发展趋势的预测。同

时，评级人员既要考虑评级对象本身的实际情况，也不能忽视其周边环境及该环境可能产生的影响。只有如此，才能确保评级结果的全面性和准确性。仅凭少数几项指标就做出信用评级的结论是不可取的，这样做很可能会导致评级结果的失真。

## （二）科学性

在构建企业信用评级指标体系时，需确保各项指标间的有机配合与和谐统一，避免冗余与冲突，以形成协调一致的整体。同时，指标的计算方法和评价标准必须科学、严谨，有充分的理论依据作为支撑。这一体系的建立应在持续的实践中不断完善和提升，既要防止频繁变动以保证其稳定性，又要通过实践验证逐步增强其科学性和实用性。在整个过程中，需坚持严谨、稳重、理性的态度，确保指标体系的权威性、可靠性与持久性。

## （三）针对性

鉴于信用评级对象与目的的差异，评级内容也应各异。为确保评级结果的准确性与针对性，需根据具体内容选择适宜的指标体系。分类是实现这一目标的最优策略。

企业信用评级指标体系分为工商企业与金融机构两大类。工商企业类又细分为工业企业与进出口、建筑安装企业。金融机构类则细分为专业银行、保险公司与信托投资公司、信用社。这样的分类确保评级结果准确且全面，能适应不同行业需求。

在特定信用关系评价中，债券的指标体系可被详细划分为工业债券、商业债券及工商企业债券三个主要类别。在此基础上，工业与商业债券的指标体系可进一步细分为工业技术改造债券指标体系、工业短期融资债券指标体系、商业技术改造债券指标体系、商业短期融资券指标体系、工商企业新建项目债券指标体系。这些细分的指标体系为投资者提供了全面、深入的分析工具，有助于更准确地评估各类债券的信用风险和投资价值。

信用评级指标体系应有针对性，不同评级对象和目的应有所不同。评级要求不同，应制定不同的信用评级指标体系。由于不同企业有各自的经营特点，部分指标需结合企业经营特点确定，不能一概而论。

### （四）公正性

信用评级指标体系的建立应以客观事实为依据，确保能够真实反映评级对象的信用等级状况。在此过程中，指标体系和计算方法应保持中立，不偏袒评级对象或评级主体的任何一方。评级机构和评级人员需秉持公正态度，以事实为基础进行评价，并避免根据个人偏好或主观意愿随意调整指标项目、计算方法和评价标准。唯有如此，才能确保信用评级结果的客观性和准确性。

### （五）可操作性

在构建信用评级指标体系时，必须确保其具备实用性和可操作性，以便于设计计算机运算程序。同时，这一体系既要紧密结合我国国情，体现我国特色，又要参考国际通行标准，以便将来与国际接轨。为实现这些目标，我们需要采取科学、严谨的态度和方法，确保整个体系的稳定性和可靠性。

## 二、企业信用评级指标体系的关键要素

建立信用评级指标体系，首先要明确评级内容包含的要素，即决定客户信用状况的主要因素。国际上常围绕 5C、CAMPARI、5W 等要素进行评级，而国内评级则重视五性分析。

### （一）5C 要素

5C 是企业信用评估的五大要素，分别是品质（character）、能力（capacity）、资本（capital）、抵押（collateral）和条件（condition）。这些要素的英文单词均以"c"开头，共同构成了评估企业信用的核心指标。

1. 品质

这里的品质是指企业的信誉，即履行偿债义务的可能性。企业偿付意愿指的是企业对于履行其付款承诺的可能性。这不仅是对企业声誉的评估，也是对其是否愿意尽最大努力按照承诺支付货款的考量。企业偿付意愿直接影响到应收账款的回收速度。企业的信誉度则主要依据其过去的信用记录进行判断。值得一提的是，企业的存续时间可以作为其偿债声誉的有效替代指标。

### 2. 能力

这里的能力是指偿付能力，即借款者的支付或偿还贷款的能力，是评估其收益稳定性的重要指标。这一能力的评估主要依据企业的经营生产能力和获利状况。具体而言，那些经营业绩优良、资本实力雄厚以及现金流合理的企业，通常能够展现出更强的偿付能力。

### 3. 资本

企业的资本决定财力和贷款金额大小，雄厚资本意味着巨大物质基础和抗风险能力。资本包括净资产和无形资产净值，可通过财务比率分析破产可能性。

### 4. 抵押

资产抵押，即企业用其资产担保承诺的付款。违约时，债权人可对抵押物品行使要求权。要求权优先性高，抵押品市场价值高，欠款风险损失低。担保抵押为信贷资产提供安全保障。对无信用记录或不良记录企业，合法资产抵押是必要的。信用评级需分析担保抵押手续完备性、抵押品估值与出售问题、担保人信誉可靠性。

### 5. 条件

条件是指可能影响企业偿付能力的经济环境。经济环境是影响企业偿付能力的社会经济趋势和商业周期，以及地区或领域的特殊发展。这是信用风险损失的重要因素，特别是对周期性产业，如耐用品部门比非耐用品部门更易受周期影响。信用评级需分析经济环境、周期、发展前景、行业趋势和市场需求变化，预测对企业经营效益的影响。

## （二）CAMPARI 要素

评估企业信用状况，需考虑七大关键维度，即品德、偿债能力、获利能力、借款目的、贷款金额、偿还方式及安全性（简称 CAMPARI 原则），这是评估企业信用的重要框架。

### 1. 品德

品德是指借款人是否具备与银行签订借款合同的资格。例如，对于未成年人的银行贷款，因其不具备完全民事行为能力，故所签订的借款合同不具备法律效力。同样，公司董事在签署合同时，必须在公司章程所规定的授权范围内行事，否则该合同将被视为无效。

2. 偿债能力

借款人在技术、管理和财务方面的综合实力，以及企业对于运营风险的监控能力和对于资产流动性的提升，均是衡量其是否具备创造足够现金流以偿还债务的重要因素。

3. 获利能力

银行在考虑是否向借款人（无论是个人还是企业）提供贷款时，首要考虑的因素是借款人的营利能力。这是因为借款人的营利能力直接关联着其未来能否按时偿还贷款本金和利息。如果借款人缺乏营利能力，那么银行将面临着无法收回贷款本息的风险。因此，为了保障自身的资产安全，银行通常会选择不向缺乏营利能力的借款人发放贷款。

4. 借款目的

借款人贷款目的应明确且可接受。若企业贷款用于偿还供应商债务，则其流动性可能存在问题。若贷款用于支持业务预期发展，则是可接受的理由。因为这样的企业不仅利用正常赊销付款，还有更多信用需求。但贷款不应用于过度扩张业务。若企业同时获得五个新订单并申请贷款，贷款人应警觉其是否能应对业务的快速发展。

5. 贷款金额

在贷款过程中，必须确保贷款规模与资金的具体用途保持一致，同时，贷款金额也应满足企业的实际需求。此外，对于所借用的资金，其产生的费用应当与企业的净资产收益保持适当的匹配关系。

6. 偿还方式

借款企业的主要偿还资金来源应为贷款投资项目。合约中应明确偿还期限，如一次还本或分期摊还。

7. 安全性

安全性指抵押担保，确保银行在无法偿还贷款时的资产安全。在考虑借贷请求时，抵押担保物不是首要考虑因素。但如果考虑抵押担保物，其价值应超过贷款金额并有足够的差额，同时要易于估价、变现和取得。

### （三）5W 要素

在进行信用评估时，5W（Who、Why、What、When、Where）法重点关注并分析企业的以下五个方面：①核实借款人身份和情况；②明确借款原因和目的；③评估担保措施和担保品价值；④确定还款期限；⑤选择合理还款方式。

国内信用评级体系通常采用五性分析框架，以全面评估实体的信用状况。这五性包括安全性、收益性、成长性、流动性和生产性。其中，安全性是信用的基石，确保信用主体的稳健运行；收益性则是信用的支撑，反映信用主体的营利能力；成长性代表信用的发展潜力，预示信用主体未来的增长前景；流动性体现信用的变现能力，展示信用主体资金运作的灵活度；生产性则是信用的实现条件，表明信用主体在生产经营方面的效能。通过对这五性的综合分析，评级人员能够更加客观、准确地评价企业的信用状况。

经过对 5C 要素的深入剖析，我们发现这些要素为构建企业信用评级指标体系奠定了初步基础和框架。在具体的信用评级实践中，我们通常通过指标来量化这些要素，以便更加精确地评估企业的信用状况。为此，我们需要深入分析企业信用管理的业务流程，从而筛选出合适的指标，以确保评级结果的客观性和准确性。

企业信用风险贯穿交易各环节，需进行全面管理与监控。该过程可简化为事前、事中和事后三个控制阶段。事前控制涉及企业在交易前进行的客户审查与信用条件选择，事中控制则关注交易过程中客户信用额度的管理，事后控制则主要处理应收账款及拖欠账款的有效管理。

具体而言，企业的六大业务环节需引起评级人员的高度关注。

（1）接触客户——选择客户

此过程涵盖企业自初次接触客户至维护长期客户关系的所有环节。

（2）谈判——确定信用条件

这一过程涵盖企业自初步与客户进行沟通协商至最终双方达成共识并签署协议的所有环节。在谈判期间，一个至关重要的信用管理目标是明确信用条件，这包括信用期限、信用额度、授信方式以及付款方式等关键要素。

（3）签约——寻求债权保障

合同作为信用的基石与依托，其内部各项条款皆有可能成为日后信用争议的根源。为保障货款的安全收回，企业常需借助债权保障措施，如担保、保险、保理等策略。这些手段的运用，旨在降低信用风险，确保交易双方的权益得到充分保障。

（4）发货——实施货款跟踪

应收账款形成后企业需动态监控，确保及时收回，避免坏账损失。

（5）到期收款——早期拖欠的催收

到期货款支付延迟的现象，无疑会给企业的资金运作带来压力，并可能进一步演化成为长期拖欠的风险。因此，企业在面临货款拖欠问题时，如何在早期采取恰当的催收措施，同时保持与客户之间的良好关系，成为一项亟待解决且具有挑战性的任务。

（6）收款失败——危机情况的处理

无论企业内部对于应收账款的管理多么完善，也无法避免企业通过自己的方法无法收回应收账款的情况。在这种情况下企业应通过法律手段来维护自己的合法权益。

为有效防范企业信用风险并降低坏账损失，加强对上述六个业务环节的严密监控显得尤为重要。深入理解并遵循这六个业务环节的特征，能够为构建全面而精细的评价指标体系提供有力支持。

鉴于部分客户的财务信息获取难度，特将财务状况分析独立列项。在成功获取并经过"缩水"处理后的客户财务数据基础上，选取以下四项关键指标，以辅助进行综合性评估。

流动比率 = 流动资产 / 流动负债（A）。

速动比率 =（流动资产−存货）/ 流动负债（B）。

短期债务净资产比 = 流动负债 / 净资产（C）。

债务净资产比 = 债务总额 / 净资产（D）。

那么，信用评级值 $V$=A+B – C – D。

A 和 B 两项反映客户的资产流动性，而 C 和 D 两项则体现客户的资本结构。通常，流动比率提高，客户的评级值也会相应提升；相反，资本结构比率提高，评级值则会降低。基于这些评级值 $V$ 的大小，评级人员能够大致判断客户的信用状况和偿债能力。

在该指标体系中，定性指标为重点，因买方市场下企业难获客户财务数据，依赖一线业务人员与客户的接触经验来判断信用水平。若能获得客户财务数据，与定性判断结合，则能得到合理评价。

# 第四节　企业债券信用评级的指标体系

企业债券信用评级的指标体系涵盖了以下几个方面：企业债券信用评级的基本概念界定，参与评级的主体单位，评级对象即企业债券，评级的具体操作流程，以及在整个过程中所遵循的基本原则。这些方面共同构成了完整且严谨的企业债券信用评级的指标体系。

## 一、企业债券信用评级的客体

企业债券信用评级是一项综合性评估工作，主要围绕债券发行者的行业背景、筹资方式、经营目标、经营效率以及财务状况展开，此外，债券的类别和信托证书的具体内容也是评级的重要考量因素。前五项评估指标主要关注发债企业的整体经营状况，特别是其偿债能力。信托证书作为明确发债者与投资者权益关系的法律文件，其差异可能导致同一发债企业发行的相同期限的不同类别债券面临不同的风险，进而产生不同的评级结果。因此，债券信用评级的对象不仅限于债券发行人本身，还包括其发行的具体债券种类。评级工作并非单纯评价发债者的整体信用状况，而是针对其某一特定债券进行细致评估。因此，即便是同一发债者先后发行的债券，由于企业经营状况、财务状况、债券期限以及信托证书的差异，评级机构对其的评级级别也可能有所不同。

## 二、企业债券信用评级的主体

企业债券信用评级工作主要由独立且专业的评级机构承担，这些机构是应投资者需求而自然形成的。目前，部分评级机构专注于为特定类型的债券市场提供服务。

自 1987 年起，我国的企业债券评级便伴随着企业发行债券的步伐应运而生。以下介绍几个国内的评级机构。

中诚信国际是一家经中国人民银行和商务部批准的中外合资信用评级机构。2006 年 4 月，中国诚信与穆迪签订协议，出让中诚信国际 49% 的股权；2006 年 8 月商务部正式批准股权收购协议，中诚信国际正式成为穆迪成员。

联合资信是我国唯一的国有控股信用评级机构，也是市场公认的专业机构之一。其总部位于北京，股东之一为联合信用管理有限公司。联合资信的主要业务领域包括资本市场信用评级、信用评估咨询等。联合资信评级资质齐全，是中国人民银行、国家发改委等监管部门认可的信用评级机构，是中国银行间市场交易商协会理事单位。联合资信具有团结、高效、专业的管理团队和分析师队伍，服务了国内众多特大型央企和地方龙头企业。联合资信是全国 3 家主要承担企业债券和可转换公司债券资信评级的评级机构之一，是在全国范围内发展较快、知名度较高的信用评级机构之一。

大公国际是中国信用评级与风险分析的专业机构，为全球提供中国信用信息与决策解决方案。大公国际于 1994 年成立，具有全部特许经营资质，是债券发行企业信用等级评估的权威机构。大公国际也是亚洲债券市场建设的参与者，是亚洲信用评级协会会员，中国、日本、韩国信用评级机构合作的倡导者，在亚洲信用体系建设中发挥重要作用。作为致力于民族品牌国际化发展的评级机构，大公国际通过研究信用问题的本质规律和解决方案，向资本市场提供权威的信用信息。

## 三、企业债券信用评级的程序

### （一）前期准备

委托方向评级机构提出信用评级要求，并与评级机构签订《信用评级委托书》。评级机构建立项目评级小组，小组成员分工合作，制定评级方案，收集整理评级对象的相关资料。

### （二）实地调研

评级机构对委托方提交的资料进行详尽的核实，并针对其中需进一步深入了解的问题，采取现场实地调查与访谈的方式求证，以确保信息的真实性与准确性。如有需要，还可组织小型座谈会，以便更全面地了解相关情况。

根据座谈会和实际的考察情况，和被评企业的领导者交换意见和建议。

### （三）等级评定

项目评级小组对提交的资料进行详细的分析整理以及进一步的现场调研，完成关于信用评级分析的报告，同时初步得出评级结果。

为确保评级过程的公正、公平与透明，会召开评级会议。届时，评级小组将出席会议并解答评级委员会委员所提出的相关问题。随后，委员通过投票表决的方式，对评级对象的信用级别进行正式确定。

关于评级委员会的决定和评级报告，会征求被评企业的意见。如果在规定时间内，被评企业没有对评级结果提出异议，或者虽然提出了异议但评级机构的评级委员会认为理由不够充分，那么这个评级结果就会作为最终的结果。

如果被评企业在规定时间内提出了复审要求，并且评级委员会也同意，就会重新进行评级程序，进行复审，复审结果就是最终的评级结果。

### （四）信息发布

先制作评级报告，要按照评级规范制作，做完后交给被评企业。然后，按照客户的要求，在新闻媒体上把信用评级结果公布出去。最后，把项目的所有资料都归档保存好。

### （五）跟踪复评

评级机构要密切关注评级对象的公开信息，确保及时获取并分析最新数据。评级对象需遵循评级协议条款，定期提交详尽资料。项目评级小组发现影响评级对象信用状况的情况时，将建议跟踪复评，确保评级结果准确并及时应对风险。

一旦建议提出，就会立即启动复评程序，遵循初次评级标准和流程，确保结果公平、公正。

## 四、企业债券信用评级的原则

### （一）企业债券信用评级机构的独立性

信用评级机构在人员配置、资金运作和管理机制方面的独立性，是确保证券信用评级客观、公正的核心要素。在发达国家，信用评级机构普遍独立于各类监管机构，确保其决策不受股东、受评实体及政府的影响。评级机构的可信度源自其专业技术和内部管理效能，而评价其竞争力的核心指标在于工作质量，具体表现为评级的准确性、可靠性和一致性，而非随意提高客户信用等级。因此，一个理想的信用评级机构应当具备高度的独立性、卓越的专业素养和管理水平，以满足市场的客观需求。我国在构建证券评级相关法规时，应明文规定禁止证券发行人、承销人及监管者直接参与评级工作，以确保证券信用评级机构在人员构成、资金来源及业务管理方面的独立性。

### （二）评级内容的真实性

信用评级工作的真实性是其存在的基石。它的核心任务在于深入调查、全面了解发行人的实际经营状况，进而评估其信用水平，为评级提供坚实依据。任何评级结果必须真实反映发行人的信用状况，方能发挥其应有的作用。为确保评级真实性，评级机构需秉持客观、公正原则，避免偏见、臆测及利益冲突，恪守职业道德。同时，评级机构还需具备高度的专业能力和丰富的实践经验，以确保全面、准确的信用评级。

### （三）评级方法的科学性

信用评级既要考虑定量分析，也不能忽视定性分析，而且定性分析特别重要。信用评级更像是一门艺术，而不只是科学。虽然评级工作有时候会用一些数学方法，但评级过程中仍存在很多主观判断。除了利用财务报表和一些指标进行预测，评级还会综合考虑各种因素，如专家的意见。这样才能更全面地了解对象的风险情况。

**（四）评级过程的保密性**

在评级过程中，评级机构需要评级对象提供可靠资料。当接触商业秘密后，评级机构需承担保密责任，这既是道义也是法律要求。如果评级机构泄露信息，评级对象可能失去竞争优势，并需承担经济赔偿的法律责任。

# 第四章　不同行业企业信用评级的方法

本章为不同行业企业信用评级的方法，从三个行业的角度对企业信用评级的方法进行论述，依次介绍了制造业企业的信用评级、旅游企业的信用评级、金融企业的信用评级三个方面的内容。

## 第一节　制造业企业的信用评级

制造业企业是专事工业生产经营活动，向社会提供工业产品或劳务，实行独立核算的营利法人。制造业企业的信用评级制度有以下特征需要着重考虑：制造业企业存在广泛的外部效益，能够灵活地适应环境；制造业企业靠规模化现代技术成果实现社会化生产；生产工序间分工精细，协作紧密，容易受到客观条件制约；工业产品的流水线生产要求严格的比例尺和质量把控；国内制造业的各个子行业受到"入世"不同程度的影响；国内制造业欠缺知识密集型产业的现状亟待改善，"入世"以后面临国外先进制造业的冲击。

制造业企业的信用评级制度要求评级人员使用定性分析和定量分析相结合的方法对制造业企业的以上特征加以适应，对企业的履约能力和信用进行整体性的判断。制造业企业信用评级制度适用于整个制造业企业，也即《国民经济行业分类与代码》注明的下属制造业的全部 52 个子行业企业，这为我们制定、完善制造业企业的信用评级制度明确了对象。

制造业企业的信用评级包括三部分内容，即定性分析、定量分析和特殊分析。定性分析要求我们对那些诸如企业内外部环境、经营状况等难以量化的因素加以估计，定量分析要求评级人员根据企业的财务报表、经营数据等量化数据加以核验，据此来综合判断企业的履约能力。

# 一、定性分析

## （一）行业风险和企业经营环境分析

行业风险和企业经营环境分析帮助评级人员了解企业所在行业的整体情况，从宏观角度把握目标企业的发展前景和可能存在的经营风险，其主要因素详见表4-1。

表 4-1　行业风险和企业经营环境分析的主要因素

| 总类别 | 次类别 | 指标名称 |
|---|---|---|
| 社会、人口、政策和技术变化影响分析 | 宏观经济 | 经济周期 |
| | | 金融形势（利率、汇率）；通货膨胀；消费信贷政策 |
| | 政治、法律 | 制造业受政治因素影响的难易度及深度 |
| | | 政府的影响和产业政策背景 |
| | | 国际关系以及国际规则的影响（如 WTO 的影响） |
| | 技术变化 | 技术进步对制造业的影响（一般较大） |
| | | 本地制造技术水平在全国业内所处的梯队和档次 |
| | 社会意识、人口、文化 | 消费群体状况的影响：人口年龄结构、文化结构、开放程度对企业产品的需求敏感性分析（这是该行业的一个比较鲜明的特点） |
| | | 环保等社会意识对制造业的影响 |
| 行业风险、容量和周期性分析 | 行业特点 | 垄断竞争型；资本、技术密集型；进入或退出难度 |
| | | 需求的可预测性和生产能力适度性分析（不足、适中、过剩） |
| | 企业经营的决定性因素 | 影响企业经营的决定性因素分析，竞争的特征、价格、产品质量 |

续表

| 总类别 | 次类别 | 指标名称 |
|---|---|---|
| 行业风险、容量和周期性分析 | 企业经营的决定性因素 | 销售渠道与销售网络、产品概念或形象、产品细分程度 |
| | 行业前景 | 本地制造业各行业的发展趋势 |
| | | 制造业在未来市场格局中的地位 |
| | | 制造业竞争状况和前景分析 |
| | | 产业结构和产品结构调整力度对制造业的影响 |

**（二）企业竞争力分析**

对制造业企业信用等级评估进行定性分析涉及的另外一个重要因素是企业竞争力分析，主要包括以下内容。

①企业的竞争能力一般是指该企业在市场中的地位以及利用市场优势地位影响市场的能力；维持高水平经营绩效能力主要是指企业对细分市场的掌握程度、市场战略与布局、客户画像与目标群体、供应商的分散程度以及其在生产成本控制方面的优势；企业规模、企业职员的素质主要是指企业的组织结构以及员工的知识技能水平，它反映在企业的设备水平、生产工艺、科研能力以及创新技术转化能力等方面。

②技术装备水平和应用状况分析。一家企业所装配的技术装备的水平是决定该企业竞争力的重要因素，对企业所装配的技术装备的水平的评估可以分为硬件和软件两个部分。企业的硬件装备包括基础设施和技术装备，针对硬件的考察指标集中在先进水平、诚信度、技术装备的利用转化率方面。软件装备则是指企业利用硬件转为生产效率与利润的软条件，包括工艺水平、专利储备、劳动者素质等。需要指出的是，企业的装备水平和应用分析不能孤立地进行，避免估高或估低，应当是在行业内进行比较的结果。

③竞争程度的分析。如今，制造业企业所在行业的显性和隐性竞争越来越成为一项重要的衡量指标，这主要是因为随着新的科学技术和知识在制造业领域更

加广泛、深入地应用，制造业已经发展成为技术密集型和资本密集型的行业。对企业显性和隐性竞争状况的分析主要是从竞争对手的竞争优势、产品比较优势和企业利用市场优势议价的能力等方面来做分析，特别是对学习效应和价格敏感度的分析。影响竞争程度判断的因素集中在三个方面：一是企业自身的优势，包括产品优势、销售渠道等；二是竞争对手的选择与确定，要求对竞争双方在规模差距、技术差距等方面进行考察；三是竞争策略，即如何处理两者的竞争、合作关系。

④高新技术应用行为分析。作为技术密集型实体，众多制造业企业不仅在高新技术市场中占据核心购买者地位，同时也是高新技术营销研究的焦点。在评估此类企业的信用等级时，必须深入剖析其对高新技术的需求和利用。对于需求者而言，其需求主要可分为五个层面，即确保技术安全的需求、赚取利润的需求、保持技术自主的需求、追求超常发展的需求、实现社会价值的需求。

### （三）企业经营管理分析

#### 1. 主要分析内容

企业经营管理分析是针对企业管理层素质和状况进行的考察，一般包括管理层如何处理企业管理方面的问题，管理层如何做出决策并推进决策的落实，以及当管理层内部出现矛盾、争议时企业如何从制度、辩论、协调等方面加以解决。企业经营管理能力分析的内容主要包括经营者的领导能力和管理水平，企业的目标市场与提供的产品、企业文化与公共关系、企业发展规划与战略、企业的外部营商环境、企业的履约记录等方面的综合情况。

#### 2. 经营战略分析

企业的经营战略分析往往是财务报表分析的前奏，它有助于评级人员把握企业在营利过程中存在的风险，进而完成对企业可持续循环的验证，掌握企业的经营状况。另外，经营战略分析还有利于评级人员把握一家企业的发展前景：首先，它允许评级人员判断企业的差异性能否具有一定时段内的不可替代性；其次，它判断企业为保持优势而产生的沉没成本。另外，对企业经营管理能力的判断往往依赖于对其所在行业经济情况的整体把握。容易量化的财务比率往往成为补足企业经营管理能力分析的客观数据支持。

3. 成本控制和成本降低能力

对企业成本控制和成本降低能力的评估包括两个部分：一是对企业成本控制系统的组成情况，即信息系统、组织结构、绩效奖惩制度进行考察；二是对企业成本控制原则进行分析。前者主要是指企业是否建立并完善成本控制部门与营利部门之间的责任和控制范围；后者则主要关心企业的成本控制政策、原则能否得到贯彻执行。

4. 生产要素利用情况

对于制造业企业而言，劳动力、生产设备、材料的利用情况是直接影响其生产效率、营利能力进而影响其履约能力的因素，因此必须纳入信用评级当中。

（四）财务报表可靠性分析

财务报表可靠性分析关注对财务报表的局限性、可信性和采取不同会计政策所产生影响的可比性进行的分析，如存货的计价方法、折旧方法，所得税缴费的计算核实方法和对外投资收益的计算核实方法。另外，由于制造业企业总资产中固定资产、存货、应收账款及无形资产占比较大，受到自 2001 年 1 月 1 日起实施的《企业会计制度》的影响相当明显。因此，除了通常应考虑的内容，还要特别注意《企业会计制度》的影响。

《企业会计制度》做出了一些规定：一是新增对固定资产、无形资产、在建工程、委托贷款四项的减值准备；二是将原计入当期损益的债务重组收益和资产置换收益计入资本公积；三是原按 5 年直线摊销的开办费用按规定在开始生产经营的当月一次计入损益。

制造业企业的特征之一是重资产，固定资产和存货规模偏大。这一特征影响了将研究开发费用计入开支，进而造成财务统计上的混乱，通常而言，引起企业间利润差距的项目主要是折旧和存货估值等。另外，对企业财务报表的分析往往集中在对企业会计政策的合规性、稳定性、透明性、公开性的评估，一般要结合现金流量表、财务报表附注还有评级人员掌握的其他资料。

（五）信用状况分析

信用状况是指企业在日常生产经营及财务结算过程中，对于应付款项的延迟支付行为及资金借贷关系的处理状况。这一要素在企业信用等级评定中发挥着重要作用，特别是在对目标企业信用等级的评级工作中占据着重要地位。

对企业信用状况的分析主要从商业信用和银行信用两方面入手，具体而言，是指逾期贷款情况和货款支付情况。

商业信用反映了企业商品货款的兑付、讨还能力。这种信用关系具体表现为企业能否如约支付货款并按时回收全部货款，是评估企业经济实力和信誉状况的重要指标。

银行信用则主要指企业对银行的履约能力，一般考察企业的贷款按期偿还率和利息支付率等指标。逾期贷款是评估贷款风险的重要指标，银行通常通过评估企业的逾期贷款率来考量其贷款流动性和偿还能力，以此作为贷款审批和风险管理的重要依据。借款的偿还情况是企业生产经营活动的综合体现。在企业资金运作过程中，任何环节的失误均可能对贷款的及时清偿产生不利影响。这要求企业及时偿还贷款以维持企业资金稳定运作。

①贷款按期偿还率＝（1–期末逾期偿还借款余额 / 期末借款总余额）×100%。

②贷款利息支付率＝已支付贷款利息 / 应支付贷款利息 ×100%。

③货款支付率＝（期初应付货款 + 本期外购货款–期末应付货款）/（期初应付货款 + 本期外购货款）×100%。

## 二、定量分析

定量分析是通过分析企业的量化数据来把握企业财务状况的手段，它评估企业在资金方面存在的风险。一般而言，企业的偿债能力反映在偿还意愿和偿还能力两个层面，后者集中表现在企业的财务状况上。财务风险定量分析主要关注偿还能力。财务指标分析则主要通过财务比率等量化指标对企业的核心指标和行业特殊指标两方面进行考察并完成对其财务质量的评价。

### （一）营利能力分析

利润是企业支付能力的保障，其中最为稳定的那部分收入才最有反映企业财务状况的价值。一般而言，其主要指的是企业的稳定经营项目所带来的利润。不过制造业企业往往受到地方政策的扶持，特别是高新技术企业，它们从政府获取的补贴也是一项较为稳定的收入，因此也经常被视为营利能力的一个重要项目，在财务报表中通常表现为一次性的收入激增。此外，企业的投资收益风险也应当被营利能力分析纳入，这将直接影响企业的投资收益与预期。

该部分的核心评估指标包括：①净资产收益率＝息税前利润／净资产×100%；②主营业务利润率＝主营业务利润／主营业务收入×100%；③主营业务收入。

### （二）资本结构和资产质量分析

对企业的资本结构和资产质量进行分析的主要目的在于对企业的长期或短期债务风险做一个整体性的评估。一般来说，评级机构会采用总量分析与结构分析相结合的方式，并重点从以下两个维度进行深入考量。

第一，企业的资本结构和资产质量能够反映出一家企业的债务支付能力。资本结构也即企业总资本中权益资本与债权资本的比重，它通常能够决定一家企业在内部财务结构和投融资政策方面的调整方针和决策制定。资本潜蚀风险是制造业企业难以忽视的一个因素。因为制造业企业存在的一个普遍情况是货款回收率较低，评级人员必须高度关注三年期以上账龄的应收账款以及待处理流动资产损失。此外，评级人员还可以通过资本化比率来洞察企业负债的资本化或长期化状况。当该指标值较小时，就意味着企业负债的资本化程度较低、长期偿债压力相对较小。对于负债企业而言，这一指标经常出现波动，通过考察企业对这一指标的调整，评级人员可以对企业的负债经营能力进行评估。

第二，由于一般制造业企业的重资产特征，评级人员必须充分关注长期负债的绝对数值从而推导出企业长期偿债压力状况。当一家企业的长期负债的绝对数值过高，即使其资本化比率较低，该企业的长期偿债压力实际上依旧保持在一个较高的状态。另外，如果结合资本固定化比率指标来深入分析长期资产规模，也可以帮助评级人员判断该企业长期负债规模是否适当。之所以如此强调对企业长期负债压力的评估，是因为长期负债与短期负债压力之间存在着显著的相关性。

该部分的核心评价指标包括：①资产负债比率＝总负债／总资产×100%；②总资产；③资本化比率＝长期负债合计／（长期负债合计＋所有者权益合计）×100%。

## （三）偿债能力分析

偿债能力分析是评估企业能否按时并足额偿还其债务本息的关键环节。由于制造业涉及全面的生产交换过程，特别是在权责发生制度的框架下，企业的盈利状况与短期债务偿还能力并非完全同步。因此，相较于其他行业，制造业的商业信用运用范畴更为广泛。于是，定量分析方法主要围绕以下三个方面对企业的长期和短期偿债能力进行深入分析：于前者而言，一般应当关注企业的流动资产与营业周期（特别是存货的流动性），以及流动资产与流动负债的匹配程度；于后者，一般根据企业的损益表和资产负债表来全面测定。值得注意的是，为了更准确地评估企业的偿债能力，必须将这些指标与同行业的平均水平以及企业自身的历史数据进行对比。此外，还需深入分析流动资产与流动负债的具体构成以及经营上的相关因素。特别需要注意的是，存货投资在制造业内是一个关键的运营决策点，评级人员可以通过计算存货周转率进行评估。存货周转率不仅反映了一家企业在短期内偿付债务的能力，还能够体现出企业整体管理的效率，因此，要格外注重分析存货结构以及那些能够影响存货周转率的关键因素。

该部分的核心评估指标包括：①流动比率＝流动资产／流动负债；②利息保障倍数＝税息前利润／利息支出；③借款总额／（借款总额＋所有者权益）×100%。

## （四）现金流量分析

现金流量分析在财务领域中占据着举足轻重的地位，是财务分析体系中不可或缺的一环。同时，根据贷款风险分类的相关方法论，现金流量分析也被视为一种重要的分析工具。在评级过程中，评级人员应重点掌握并理解以下关键问题。

①企业内部的现金流产生状况如何。

②企业是否具有灵活资金以满足短期财务需求。

③企业能否在不损害经营灵活性的情况下继续履行短期财务责任。

④企业为实现增长投入的沉没成本如何，现金流的来源是什么。

⑤如果企业依靠融资充实现金流，它使用了何种融资形式，这种形式与企业经营风险管理的匹配度如何。

具体而言，评级人员应着重考虑以下方面。

①流动资金投资和支付利息前的现金流量（即营运资金），它能够帮助判断一家企业能否实现结余。

②流动资金投资后的营业现金流量，它能够帮助判断一家企业对流动资金的管理能力。

③支付利息前的现金流量，它能够帮助判断企业支付贷款利息的能力。

④支付股利前的现金流量，它能够帮助判断企业内部资助长期投资的金融灵活性。

⑤外部融资后的现金流量，它能够帮助判断一家企业的真实财务状况以及财务政策的效果。

以上这些指标应当充分结合企业的运营情况、财务政策和扩张战略加以考量。另外，这些数据对于判断一家企业的现金流的持续稳定状态具有很大帮助，值得引起评级人员的注意。

该部分的核心评价指标包括：①经营活动现金净流量／流动负债；②营运资金／总债务；③折旧影响系数＝折旧额／经营活动现金流。

### （五）企业成长性预测

企业成长性预测是针对企业规模的动态特征及其扩张潜能进行的深入剖析。近年来，众多制造业企业呈现出较快的规模扩张态势，这种快速扩张在为企业带来资金周转压力的同时，也导致了企业经营的不稳定性。因此，评级机构应当计算企业历年经营状况的关键指标的同比损益，全面把握其发展趋势，判断其发展的健康状况。另外，评级机构要将企业与同行间进行横向比较，明确其市场地位的变动。此外，评级机构需要对企业产品的前景以及投资项目的前景做综合的评价。具体来说，就是对产品的竞争力和市场前景进行预估。最后，评级机构需评估企业在未来两年内的成本效益和现金流量是否能够形成良性闭环，以确保企业能够持续、稳定、健康的发展。

该部分的核心评价指标包括净资产增长率和主营业务收入增长率。

## 三、特殊分析

特殊分析的评级理念是由中证鹏元资信评估股份有限公司提出的，评估的主要内容集中在企业经营过程中可能存在的或有事件、企业外部资金的来源渠道、企业的公共关系、企业能够调用的竞争对手所不具备的资源，以及诸如抵押、质押、保证及其附属协议等一系列增强企业资产变现能力和减弱企业变现能力的因素，具体而言，如下所示。

①可供企业随时兑现的银行贷款指标（即企业现持有的已经过银行许可但未尚未办理贷款手续转化为现金储备的银行贷款限额，这项指标直接影响企业能否在短期筹集资金从而提高兑付能力），短期内可变现的长期资产，信用记录和信誉。

②或有负债。例如，已办理贴现的商业承兑汇票、销售产品可能产生的质量事故赔偿、尚未解决的税务争议、诉讼事件和经济纠纷、担保负债等。

# 第二节　旅游企业的信用评级

旅游业是一个综合性的产业部门，它集聚了人们日常生活、娱乐的各个部门，提供"一条龙"服务，这使得旅游业天然带有关联产业广泛、吸纳就业规模巨大的优势，推动和刺激着国民经济的发展。一般来说，旅游业包括旅行社业、旅游资源业、酒店业三个子行业，旅行社扮演业内的直接供应商、旅游中间商和末端服务提供商。

旅游业的主要特征包括：与社会经济水平深度挂钩、对环境特别敏感，关联行业宽泛，对当地的产业发展、经济发展起到引擎作用；劳动力价格低廉而富集，产业成本相对较低；对旅游资源的垄断属性；重精神产品消费，产品附加价值较高；行业准入门槛较低，竞争激烈；面向客户、产销合一，收益呈现周期性的特征。

对旅游企业的信用评级不能不考虑以上这些行业特征，并结合具体案例进行分析。与其他行业企业的信用评级一样，从定性分析和定量分析着手，并结合具体的经营环境进行特殊分析，综合评定旅游企业的信用等级。

## 一、定性分析

定性分析针对那些难以通过单一的财务指标进行量化评价的要素进行定性研

究，如行业风险、经营环境、企业素质、管理状况等。考虑到旅游企业的特殊性，定性分析的内容主要集中在以下几个方面。

## （一）行业风险分析

风险是判断企业发展前景的重要因素，从大的方面来看，企业发展前景往往与行业发展前景息息相关，在对具体的企业进行风险分析之前首先要对行业风险做一个分析。影响行业风险的要素一般包括国家宏观经济背景、产业政策决议、相关法规的现状以及发展走向等。具体而言，行业风险分析包括以下几个方面的分析。

### 1.周期性

旅游企业的发展与社会经济发展水平深度挂钩，因此，旅游企业的发展往往呈现出一种周期性的特征，并与国民经济的发展周期相关。这意味着，评级人员在对旅游企业进行信用评级时应该考虑到国民经济的发展趋势，再结合旅游企业的处境做出综合判断，最终具体分析某个企业的情况。

### 2.产业政策的变化

国内旅游业是一个政策导向型色彩比较浓厚的产业，产业的发展受到国家和地方政策的深度影响，如《国务院关于进一步加快旅游业发展的通知》中提出了一系列利好旅游业发展的措施，而《国务院关于修改〈旅行社管理条例〉的决定》则又对外商投资和经营旅游业的规模和资格加以限制。综合来看，不能不考虑到国家政策对于旅游企业发展的影响。

### 3.行业内竞争程度

旅游业准入门槛较低，而且关联行业非常广泛，行业内竞争激烈，往往需要细分到具体的子行业来进一步考察。以旅行社业、酒店业为例，存在供大于求所导致的竞争乱象；相对而言，由于旅游资源的垄断性特征，特别是优质资源供小于求，行业内竞争相对较小。因此，在对旅游企业进行评估时，不能忽略其细分行业的特征，以便做出明智而准确的决策。

### 4.行业的国际竞争力

一方面，根据 WTO 的规定，国内旅游市场需要逐渐对国外旅游企业开放，由于国内旅游企业的管理机制尚不健全，面临着巨大的竞争压力；另一方面，改革开放以来，国内的出境旅游需求，特别是东南亚旅游需求日益旺盛，也对国内旅游企业形成强有力的挑战。国内旅游企业、旅游从业者的国际竞争力势必成为企业信用评级的重要标准。

5. 季节性经营

受到国内调休制度的影响，旅游企业的收益呈现出明显的周期性、季节性特征，旅游企业的经营收入在旅游旺季的收入明显高于淡季，这是应考虑到的因素。

6. 汇率的波动

旅游业是国家外汇储备的重要来源，对于国内旅游企业特别是涉外旅游企业而言，境外游客的消费是重要的收入来源，汇率成为影响旅游企业收入的重要因素。

**（二）企业经营环境分析**

在分析旅游企业的经营环境时，需综合考虑以下三个关键方面，以充分把握其特征。

1. 行业经济环境

行业内企业的经营活动受到行业经济环境变化的直接影响。目前，我国旅游业仍旧处于高速发展的阶段。首先，伴随着社会经济水平的整体提高，旅游已成为众多家庭重要的消费方式和休闲方式；其次，国内基础设施不断完善，为旅游业的发展提供了坚实的物质基础；最后，在假期期间旅游成为越来越多人的放松方式。因此，就目前的形势来看，旅游企业的经济环境是具备相对优势的。

2. 区域经济环境

区域经济环境，如当地的商业环境、基础设施、人口规模及消费能力等，一方面影响着当地旅游需求的规模，另一方面制约着当地旅游资源的开发进程，这些因素影响着当地旅游企业的健康、可持续发展。

3. 企业的地理位置

一地的旅游资源相对于旅游潜在市场的地理位置成为制约当地旅游资源开发程度的重要因素，相应地，依赖旅游资源而存在的企业的地理位置也就非常重要了。一般而言，那些距离消费市场（经济发达地区）较近的企业的发展经营状况较好。

**（三）企业竞争力分析**

企业的竞争地位对其获利能力具有直接影响，鉴于旅游业子行业的行业特征，评级人员需要从以下视角分别讨论如何评估旅游企业的竞争力。

1. 企业规模和网络化经营程度

酒店类企业作为重资产的实体类企业，天然地依赖规模以上带来的经济优势，网络化的影响相对于单店经营意味着更低的经济成本和更多的发展机遇。对旅行社类企业来说，网络化经营意味着更高效的旅游信息传送，便于企业设计、提供个性化服务。

2. 旅游设施的技术装备水平、从业人员的科技水平

以酒店行业为例，作为一种重资产行业，它的基础设施条件将直接影响游客的入住体验，相应的高技术的设备装配和高知识、高素质的工作人员将极大地提高酒店的形象、市场竞争力和营利能力。

3. 多元化经营程度

对于酒店类企业而言，同质化、产品单一是阻碍企业开拓市场、提高企业竞争力、塑造企业文化的阻碍。因此，伴随着旅游需求的旺盛，特别是个性化、差异化需求的提升，能否实现多元化经营、多元化经营的程度也是这类企业变现能力的重要指标。

4. 服务质量与服务创新

旅游企业的产品归根到底是一种满足精神需求的服务。衡量服务质量和服务创新能力的指标包括顾客满意度、对企业形象的作用、服务的差异性、服务的竞争力、服务的定位。

5. 成本控制

对于旅游企业来说，成本控制有两种途径：一种是通过改良技术实现的成本降低，一种是通过优化经营管理实现的成本降低。

### 6.外部支持

与所有企业一样，旅游企业也避免不了外部力量对企业经营的影响，如国家政策和当地政府的支持力度等，特别是自然的和经济的地理条件对旅游企业的发展起到基础性的影响。

### （四）企业经营管理分析

企业的经营管理能力具体表现为营利能力和风险控制能力。营利能力可以进一步分为企业应变能力和成本控制能力；风险控制能力则包括企业控制、化解经营风险的制度和方法，以及控制、化解财务风险的制度和方法。评级人员可以从以下方面对旅游企业进行经营管理分析。

### 1.对市场的应变能力

企业及时根据市场变化调整产品的设计、生产、加工和营销策略是展现一家企业对市场的敏感性及适应性的重要表现，也就是企业对市场的应变能力。旅游企业对市场的应变能力表现为企业及时适应市场变化设计、落地、提供相应服务的能力。

### 2.经营风险控制能力

企业的多元化经营策略集中体现了企业对经营风险的控制和化解能力，也即"不把鸡蛋放进一个篮子里"，它要求企业具备一定的规模、多元化的客户群体、广泛的营销网络、多元化的经营项目、多元化的经营收入。

### 3.财务风险控制能力

旅游企业的财务风险控制能力表现为企业能保证合理的收支平衡，兼顾企业的发展扩张和债务风险管控，确保财务健康。

### 4.管理层素质

管理层素质包括管理层的决策和执行能力、处理管理层间矛盾的制度和能力，以及管理层对企业竞争力的认识和把握等。

### 5.企业的发展、经营战略

企业的发展、经营战略包括企业的经营策略、方针、政策，对企业未来收入构成、市场布局、市场份额的规划和预测。

在全面评估企业的经营管理水平时，包括两个层面：一是依据企业经营发展的历年数据，在结合企业的经营发展现状的同时对企业未来经营状况进行预测，从而形成综合认识；二是在行业内的横向对比中确保该企业对比同行的优劣势以及在市场当中的定位和位置。

### （五）会计政策与财务报表可靠性分析

对于企业而言，稳定的会计政策能够提高其信用评级，能够在很大程度上反映该企业财务报表数据的真实性、可信性。在此方面，评级机构应当着重分析折旧原则、商誉和无形资产的确认。

在进行被评企业的财务报表分析之前，首要任务是评估其可靠程度。评级人员在处理已经过注册会计师审计的财务报表时，需要特别结合审计报告的意见对财务报表的情况做仔细的甄别并挖掘其真实的状况。针对未经审计的财务报表，评级人员还需要仔细甄别其中是否存在技术性错误。财务报表的可信性分析是开展定量分析的基础，定量分析对数据敏感，数据影响最终分析结果的情况，决定了评级人员对该企业真实经营状况的判断。

## 二、定量分析

定量分析在考虑企业所在行业特性的前提下通过一套指标体系对企业的财务数据进行分析。这套指标体系旨在全面评估企业的经营状况，包括资产规模与质量、盈利发展能力、偿债能力、现金流状况以及信用状况。在选择具体指标时，应力求确保它们既能体现不同行业间的可比性，又能准确反映行业的独特性。因此，可选用既通用于各行业的指标，也可针对特定行业选取专门的指标。例如，在评估企业运营效率时，可选用总资产周转率和应收账款周转率等通用指标。同时，考虑到旅游业的多元化特性，还需要特别设置一些针对该行业不同子领域的特定指标，如酒店类企业的客房出租率和旅行社类企业的旅游车辆利用率。这样的选择使企业运营的共性得到揭示，又凸显出企业的独特之处。在定量分析中，我们主要关注以下几个方面。

### （一）资产规模和质量分析

雄厚的资金基础为企业带来了规模经济的优势，显著提升了企业的市场竞争力。以香格里拉、希尔顿等知名酒店类企业为例，它们凭借强大的资金后盾，实现了系列化的经营模式，充分发挥了规模效应，有效降低了连锁模式下的单店运营成本。相较于中小型旅行社，大型旅游集团更有条件构建规模以上的网络化经营管理体系，实现以更低的成本提供同等或更高质量的服务。旅游景区的开发也是如此。所以，固定资产成为评估旅游企业综合实力的一项重要指标。评级人员在评价一家旅游企业的资产状况时，特别要注意该企业整体资产、固定资产的规模及质量的状况，以及在业内横向比较中的优劣势。

### （二）营利能力分析

企业能否随时提供足够的现金流以偿还到期债务受到该企业的营利能力及其稳定性的深刻影响，营利能力指标也能够展现出一家企业在内部管理和市场经营方面的综合素质。此外，该综合素质还有助于提升企业在再融资市场的信誉，从而增强其再融资的潜力。营利能力分析注重企业对经营风险的把控，它强调企业具有多元而非单一、稳定而非波动的收入构成，在这个过程中特别注重企业营业总收入的构成以及成本的构成，这些因素影响了对企业未来收入的预期。旅游企业以提供服务为主要营利手段，因此评价其营利能力的关键指标涵盖营业收入与资产利润率等。旅游业各子行业在营业收入项目上存在显著差异：酒店业的营业收入主要源自客房的出租、餐饮娱乐、商品贩售等；旅游景区则主要依赖门票、销售纪念品、餐饮、游乐设施等其他收费项目；旅行社的收入则主要来自游客申请旅游团所缴纳的费用。

### （三）偿债能力分析

偿债能力意在考察企业能够保持稳定的现金流并偿还债务的能力，通常特别关注短期债务的偿付能力。偿付短期债务的能力实际反映了企业在短期内筹措、调动资金的能力，展示了企业对突发经营性风险的应对能力，既包括对本金的保本能力，也包括对利息的偿付能力。企业偿债能力的基础是企业在正常经营活动中稳定项目的营利能力，将现金流量及其相关比率作为评估企业偿债能力的主要指标，一般包括借款总额／（借款总额＋所有者权益）、经营活动现金流／流动负债、利息保障倍数、营运资金／总债务。

另外，企业的偿付行为一般包括两个方面，一方面是企业的偿还意愿，另一方面是企业的实际支付能力。在今天，偿付意愿往往被视为企业信用评级最直观的指标而得到关注。评价一家旅游企业的信用状况的相关指标包括贷款按期偿还率、贷款利息支付率、应付款清付率。

### （四）运营效率分析

企业的运营效率是指企业利用资产从事产品或者提供服务并据此变现的能力和效率，也被称作企业的经营能力。企业的运营效率事关企业的实际收益，是影响企业偿债履约能力的重要因素，主要指标包括固定资产周转率、客房出租率（酒店类企业适用）、旅游车辆利用率（旅行社类企业适用）。

另外，对于作为服务业的旅游业而言，运营成本的很大一部分是员工的工资。因此，评级人员应将旅游企业劳动力成本的波动趋势作为评估企业运营效率的一个重要项目加以考察，并在行业内进行横向的比较，从而分析企业在成本控制方面的能力与效率。企业的运营效率也表现为对成本的控制能力，衡量一家旅游企业成本控制能力的指标通常包括人天成本、百公里成本、百元营业额成本、间天出租成本。

### （五）现金流量分析

企业的现金流量能够切实地反映出企业的资产负债表和损益表的可靠度，从而帮助评级人员全面评估该企业在运营、投资和财务政策等领域的选择的合理性和有效性。想要对一家旅游企业的现金流状况做出精准而切实的评价，需要评级人员对现金流量表的部分指标进行一定调整。一般而言，评级人员要对下述几个指标足够敏感、警惕和理解：流动资金投资和支付利息前的现金流量（即营运资金）、流动资金投资后的营业现金流量、支付利息前的现金流量。

### （六）发展前景分析

发展前景分析集中于对旅游企业成长扩张潜能的评估，一般而言要求考察主营业务收入增长率、净资产增长率等财务指标。另外，影响一家旅游企业成长发展的要素还包括：企业的内外部环境和发展趋势；企业财务状况所反映的真实的经营效果，如企业的业务结构、市场竞争力、目标市场及企业的经营策略等；企业的技术储备与管理的制度和水准、企业可能面临的风险状况与化解风险的能力、大股东的态度等；企业在资产重组、增资扩股、重要合同或协议、重大诉讼案件等重大事项过程中经受的影响。

## 三、特殊分析

评级人员评估具体旅游企业时还需要评估某些可能会影响其运营的特殊事项，并判断其是否会给企业带来影响，包括以下几个方面。

### （一）公共关系

旅游企业的公共关系很重要，在应对突发事件，如重大安全事故时，怎样消除负面影响，将企业的损失降到最低，良好的公共关系显得特别重要。在企业公共协调能力评估中，评级人员可以通过调查企业管理层对待以往事件的态度、媒体报道情况，以及查询事件双方情况来综合评判企业公共协调能力和社会形象。

### （二）融资渠道

一个良好的融资渠道可以让企业在资金短缺的情况下及时募集到需要的资金，确保企业经营环节顺畅。评级人员在评价融资渠道时主要考察旅游企业和各商业银行之间的关系、融资方式等。

### （三）或有事项

评级人员主要对企业的或有债务进行评估，了解旅游企业为其他企业进行的担保事项等。

总之，定性分析、定量分析与特殊分析并非相互隔离，对于企业的信用评级通常都是适用的。在定性分析中，量化指标对定性分析结果做进一步证明，特殊分析则渗透在评价过程中，评价过程总是围绕企业的具体环境、特殊情况来进行的，最后对企业进行分级。

# 第三节　金融企业的信用评级

## 一、保险公司信用评级

从世界范围来看，保险公司信用评级高于其他金融机构信用评级，原因是，它的职责是对投保人的财务进行安全保障。大多数保险公司的证券投资组合风险是很小的，强调稳中求进原则。

尽管很多保险公司也发行债券，但是由于保险业务以对投保人进行财物保护等为主，投保人的待遇一般要比债权人好。这就要求保险公司信用评级一般应高于其债券。偿债能力评价是保险公司信用评级的重点内容。

我们可以从以下几个方面对保险公司进行信用评级。

### （一）行业分析

对保险公司进行信用评级时，一定要考虑整个行业的情况。

#### 1.行业内部公司间的竞争情况

企业的财力是企业在竞争中取胜的决定因素。对保险行业财力有关键影响的因素包括：①行业内部业务的集中程度；②行业内部业务竞争的程度；③竞争的规范程度；④国家对行业的一些保护政策。

例如，在被几个大保险公司占据了绝大多数市场的情况下，竞争将变得非常激烈，而且回报相当丰厚，价格周期相对稳定；反之，在业务市场十分分散的情况下，各保险公司的收益会出现下滑，价格周期也会拉长。日本和一些欧洲国家产业结构集中化使得国内保险公司的收入显著提高。在地方政策的保护下，这种国家的商业保险公司通常可以赚取高额利润，这类利润还往往被用于为竞争激烈、对政策变动反应灵敏的人身保险业提供资金支持。

欧洲一些国家在世界上较早地建立了比较开放的保险市场，如英国、荷兰等国早就让国外保险公司到本国开设分支机构开展业务。在德国、日本，由于国内的保险业务受严格的官方限制及其经济市场的具体情况等诸多因素的影响，直到今天，对国外的保险公司进入其国内从事业务还有不少实际的制约措施（由于国外的保险公司在自由进出市场的情况下，有可能通过设立分支机构在国内进行大规模的商业活动）。

目前，一些存在于欧洲各国内的传统限制已对自由竞争造成了显著的影响，而在欧洲共同体之内，一个统一的保险市场计划已经被拟定，即在欧洲共同体提出的"自由经营"准则（"自由经营"原则就是外国保险公司不需要在国内设分支机构就能在国内业务市场销售保险单并开展业务）下，有计划地在多个保险领域创建一个统一的市场。而且该方案还可能对国内保险公司带来巨大的运营压力，其后果还可能在一定程度上制约自由竞争。

不同国家的人寿保险行业与传统保险行业之间的竞争存在差异，特别是在行业内的竞争参与者数量和它们之间的关系方面存在巨大的不同。产业的竞争激烈程度，也常因产业的盈利率及发展潜力而异。在行业竞争情况分析中，首先，评级人员需要评估和预测主营业务以及经营区域的保险费增长率。其次，分析行业集中度和规模经济程度对公司经营风险影响的理论模型及其结论。再次，分析一些可能限制行业竞争的因素，如建立新的保险公司所需遵循的法律程序，公司的主要业务分布，以及是否存在正式或非正式的同行业联盟。最后，在此基础上提出保险公司信用风险控制方法，即建立内部评级制度，完善公司治理结构和加强信息披露等措施，以达到降低保险公司信用风险的目的。只有这样，保险公司的信用风险才能被最大限度地降低。

综合来看，保险公司在市场上的位置、其核心业务的特性、业务的分布情况以及在客户心目中的形象、声誉和服务水平，都应被视为评估保险公司竞争力的关键因素。在对保险公司竞争力进行分析时，应考虑到各影响因素之间可能存在着相互关联和相互影响，因此要综合运用各种分析方法才能得出合理结论。在其他因素都保持一致的情况下，保险公司在市场竞争中的角色是保持强劲的增长势头还是维持现有的水平，这是投保人分析的一个重要方面。

2.行业的管制趋势

通常情况下，管制趋势的分析应涵盖对保险公司管理结构的评价，以及完善国家的财政制度和保险公司在该体系内的定位。同时，分析财政与货币优先配给权对于保险业务具有重要意义，特别是税收政策对于人寿保险行业会产生显著的影响。在进行分析时，评级人员应当高度重视那些可能对保险公司的竞争地位产生重大影响的税收政策和行业监管政策的潜在变动。

例如，在 20 世纪 80 年代，全球的人寿保险公司已经从主要经营人寿保险业务转向了以个人储蓄为核心的经营模式。在这一过程中，美国和日本等发达国家出现了大量储蓄存款占比下降而投资比例上升的现象。这种情况出现的原因一方面是全球的金融市场存在不规范之处；另一方面是发达国家在金融管制方面已经放松了对市场的控制和限制。从另外一个角度看，人口数据揭示了工业化国家的人口逐渐老龄化，这也引起了人们对个人储蓄的关注。这固然使保险公司对储蓄业务发展倍加关注，但也有可能因为与银行等储蓄机构的业务竞争而被行业管制。

又如，很多国家税收制度普遍偏向人寿保险业务，在保险公司向投保人退还投保金之前，通常允许投保累积金额豁免，这就使得保险公司的有关储蓄政策更加吸引个人。但是，欧洲有些国家在政策中规定投保人累计投保金额必须加税，如果这样做，将严重地影响人寿保险公司的财力。

### （二）公司分析

在完成对保险公司的行业宏观分析之后，我们还需要根据保险公司的具体运营状况进行深入探讨。

#### 1. 公司的组织结构

公司的合法组织结构包括控股公司、附属公司和联营公司，其中一些结构相当简洁，而另一些则显得异常复杂。某些国家的严格保险规定往往催生了一些相对复杂的企业组织结构，这些组织结构也给公司的现金流动性分析增加了难度。

最常见的结构形式就是由大量有关保险公司形成的集团。要评价集团内部公司间的相互关系，首先必须对集团的形成背景及成因进行研究，尤其需要深入了解集团内各公司之间的法律联系，如公司之间签署的再保险合同、正式的业务和管理协议、业务市场的布局安排以及税务分摊协议。

#### 2. 业务情况

要对保险公司进行信用评级，首先要对保险公司的业务情况有一个总体的认识。人寿保险与普通保险两大类别还可以进行更为具体的划分，每个类别内又包含与之相对应的商业保险，如个人生命保险、集体寿命保险、健康保险和集体退休金保险等。

在信用评级中，需要保险公司给出它的所有关于业务在其保险费用和现金储备总额中所占比例的详细信息。保险公司对其各险种所需保费总额及其构成情况进行统计分析，是为经营决策服务的一项重要工作。举例来说，人寿保险公司需要提交一份详细的分析报告，该报告应涵盖其主要业务在总保险费收入中所占的比重，如个人或团体从养老保险金中获得的收入。

在条件允许的前提下，对保险公司的负债情况进行分析也是非常必要的。采用"衰退曲线"作为评估保险公司未来盈利和现金流下降状况的关键指标。对于一家常规的保险公司，在分析其保险费收入时，需要根据其业务类型来进行，如火灾保险等。

保险公司过去的5~10年的盈利状况对于预测其在相似市场环境下的未来盈利方向具有至关重要的意义。尽管实现盈利趋势分析的方法很多，但是最可靠的是公司内部盈利预测分析。

在进行信用评级时，通常还需要从政府和公认的会计标准视角，对保险公司的某些外部财务信息进行深入分析。同时还应该研究各国的会计惯例，以更好地利用已经公开的财务资料来估计保险公司的短期和长期利润。显然，过去的盈利走势分析为保险公司的主要业务利润预测提供了关键的参考资料。

3. 投资组合风险

在信用评级中，对保险公司投资组合情况的理解也是一个至关重要的方面。它能显示未来当市场条件变坏、保险公司经营亏损或者资产变现性差时，无法向投保人承担义务的概率。

4. 投资组合的设立及其风险

分析保险公司投资组合必须先弄清其投资目标及有关约束。

保险公司在投资上大多实行分类管理，每种类型均有自己特有的投资战略与管理政策。例如，欧洲某些保险公司集团将股东基金列为权益性证券，将投保人基金列为优质固定利率证券。

全国范围内管制环境和国内资本市场结构对保险公司投资组合也有较大影响。保险公司投资组合普遍具有优质和低风险的特点。

对保险公司投资组合进行分析还应弄清证券市场及经济运行中发生多种情况时公司证券的投资回报率。例如，面对通货紧缩的情况，不动产投资的回报率可能会出现下滑；另外，当通货膨胀发生的时候，投资不动产的回收率可能会有所提升，而债券投资的回报率可能会下降。因此，当对一个保险公司进行评级时，对于它的债券、银行的贷款和抵押金，评级人员必须基于相关利率进行详细分析，同时也要深入研究公司资产和负债随利率波动的反应灵敏度。这种分析可以基于直觉或者经验来进行确定，或者可以使用某些特定的技术指标进行深入剖析。

公司财产的流动性也是评级人员不能轻视的一个方面。在保险公司的投资组合里，对固定回报证券、贷款以及证券抵押借款的信用风险的分析，是衡量公司资产流动性优劣的关键。为了全方位评估，评级人员可以考虑公司对其所投资证券的质量监控程度，以及社会对这些证券的评估等级两大视角。例如，在评估保险担保贷款的违约风险时，评级人员常常对以前的违约数据、不良贷款冲抵的额度以及债务重组等相关资料进行详细的分析。

保险公司投资组合流动性分析通常要考虑以下问题：①在保险公司的债务体系中，被保险人赔偿方式的含义选择权具有何种程度的影响力；②当保险公司面对重大挑战时，其面临的风险程度如何；③预计未来周期性资产的流通会不会顺畅。

5. 风险管理

对保险公司的风险管理行为进行深入分析，对于更精确地预测保险公司未来的收益波动以及制定相应的控制策略是非常关键的。通常，我们需要从定价与承保、资产与负债的管理、套期保值策略、汇率风险承受能力、再保险风险承受能力五个维度来进行评价。

（1）定价与承保

保险公司对业务定价的作法较为特殊，通常以能够抵消相关成本费用的估算额对客户进行计费，多数成本要到未来发生时才能支付，所以需要对保险费率制定流程以及业务承保流程进行分析与评价。以往人寿保险公司由于死亡人数通常可预见且预测数与实际数通常相差较大，所以通常没有注意承保环节。目前，在美国和其他几个国家，保险承保环节受到了越来越多的关注，这也使得保险公司在进行死亡险风险的管理和监控方面，成为信用评级的一个关键环节。

对于普通的保险公司来说，它们在业务承保过程中的复杂程度差距很大。在评估定价与承保措施时，要审视保险公司过去一年的保障表现（通常这应与是否拥有丰富的库存资源一同进行考虑）。当然，最重要的目的之一就是分析它的主要业务组合所固有的风险程度。在一定程度上，若保险公司所承保业务过多地集中在易变性较大的保险中，则无论保险公司承保的整体质量如何，均应视为投保人承担了部分风险。

（2）资产与负债的管理

在保险公司的信用评级中，是否拥有维护资产与负债基本平衡的管理技能逐渐变得至关重要，尤其是当涉及保险公司能否维持资产与负债的基本平衡时。随着利率的持续波动，保险公司的某些业务担保利率也会发生相应的调整，这将导致公司未来的盈利状况越来越受到利率风险的影响。对人寿保险公司来说，在对公司的资产与负债的管理进行评估时，应特别关注与公司有关的负债分析问题。

资产与负债的管理风险实际上是保险公司面临的宏观经济环境变动所受到的影响，然而这种冲击并非十分关键。例如，日本的利率比较稳定，则对应资产与负债的管理风险较小；英国很多企业的人寿保险单及普通保险单中完全没有受到高利率冲击的担保品，也没有已经含有保证的退保额度。

由于保险公司的负债特性各不相同，它们在资产与负债的管理分析上往往没有给予足够的重视。然而，在对普通保险公司的信用进行分析时，我们需要对其资产与负债的管理策略进行更为深入的探讨，因为这些公司的资产与负债管理仍然受到利率波动等外部因素的限制。如果历史上没有通货膨胀现象，或者现在存在潜在的通货膨胀风险，那么通货膨胀的加剧很可能会引发利率的上涨，并可能直接导致债券的贬值，进而增加最终的结算储备。面对这种情况，普通的保险公司通常会实施一系列的管理策略，以防止利率增加导致的资本损失。

（3）套期保值策略

通过深入分析套期保值的行为，评级人员可以更好地了解保险公司在资产和负债远期合同管理上的实际情况。例如，某人寿保险公司如果不确定投资收益足以补偿投资损失，就可以和投保人订立长期保险费率合同；还有一种情况是保险公司如果还没有卖出保单并募集到充足资金时也可以订立远期投资合同。套期保值策略也适用于外币的交易行为，目的是减少国内货币交易的收益波动。然而，在任何情况下，过度或不恰当地使用套期保值策略都可能导致保险公司面临某种预先不确定的风险。

（4）汇率风险承受能力

保险公司的管理策略往往会对其面对汇率波动和偿还债务的能力产生影响。分析外汇管理，主要是看保险公司在外汇储备、资本金等方面的投资政策。一般来说，保险公司通常是以各种外币相配构成货币储备的。日本的人寿保险公司及常规保险公司面临一些独特的挑战，它们往往倾向将大笔货币储备金用于外币债务，而它们的资本金账户通常不会配备多种货币。

（5）再保险风险承受能力

在分析保险公司的再保险和转分保政策时，评级人员应该提前了解保险公司如何通过再保险业务来预防承保业务的易变性和异常损失风险。在评估分析中，再保险业务的质量控制应被视为核心焦点。通常，评级人员还需要深入了解保险公司的主要再保险业务模式及其预估的最大潜在损失，并全方位地了解保险公司对过去几年的异常风险的应对能力。

## 二、证券公司信用评级

### （一）证券公司风险的种类及确定

#### 1. 市场风险

市场风险是指证券公司持有的证券和其他金融资产受利率波动和其他因素的影响，导致市场价格出现波动的可能性和幅度。如前文所述，证券公司主要拥有一系列在市场上可以交易和流通的有价证券。证券市场经常出现不稳定性，证券公司所持有的证券每分钟都有可能增值或贬值，这也使得市场风险上升成为这些公司面临的主要风险。

市场风险评估一般分为以下几步。

第一步，明确主要经营的商业分类。评级团队应该细致考虑证券公司的各种经营活动。

第二步，对各大业务的价格波动进行统计。通常，评级人员通过统计数据中的"标准差"来描述，标准差越大，意味着单一业务面临的市场风险越高。

第三步，对各主要业务进行 $\beta$ 值计算。$\beta$ 值的定义是，通过将某一业务的标准偏差与证券市场的总体标准偏差相除，来表示各个业务相对于市场的风险程度。

第四步，对公司整体进行 $\beta$ 值计算。也就是将公司某项主要经营活动的 $\beta$ 值，乘以该项活动在总经营（资产）中的比重，再累加起来。

2. 信用风险

信用风险描述的是证券公司在与其他公司交易过程中，未能按时履行合同的可能性。在严格的定义下，证券公司的每一个业务领域都伴随着信用风险，但这些风险因交易额的不同而呈现出不同的特点。在最近几年，随着证券公司投资业务规模的逐步扩张，特别是在风险投资这一业务领域，信用风险也日益加剧。

证券公司的信用风险能够通过历史上违约次数与交易次数的比率来准确地衡量，也可由违约金额占交易金额的比例来描述，但为方便起见，较多公司采用违约金额占营业收入比例来描述。要研究的时间跨度应该至少包含金融或者经济周期，这样评级人员才能更加准确地掌握周期内各个阶段违约风险的变动情况。

3. 营运风险

在证券公司的实际运营过程中，存在一种被称为营运风险的不确定性因素。有些人生动地把证券公司比喻为一个数据处理的大工厂，每一天都有数百名员工忙于处理数以万计的交易活动，并负责传递数十亿美元的现金和证券。所有这些因素都与电子通信信息网络和烦琐的手工工作有着紧密的关联。不管是因为凭证填写的失误、数据输入的不精确，还是一次报价的错误，都有可能造成数万美元的经济损失。然而，对于那些面临巨大压力的证券行业工作者来说，这种情况是难以规避的，因此，对于证券公司来说，对劳动风险的管理和预防变得尤为关键。同时，识别劳动风险也是极具挑战性的，从一个方面来看，在证券公司的各个环节和时刻，营运风险都可能出现，特别是对于那些具有全球影响力的大型证券公司，它们在 24 小时内随时都有可能遭遇事故。相对地说，许多小错误仅在现场得到了批评，而没有进行详尽的记录和深入的总结分析，因此很难确定这些小错误是不是偶发的或是不是对固有问题的初步答复。在探讨证券公司的营运风险时，全球各国普遍倾向进行定性的分析。因此，很难确切判断这种小规模的事故是不是偶然发生的，或者是不是对公司固有缺陷的初步应对。例如，员工的职业技能、责任心、信息系统的硬件和软件稳定性、过去的失败实例、这些问题是如何形成的、何时进行了纠正，都是需要深入思考的关键问题。

4. 人事风险

证券公司的知识和人才高度集中，其内部专业技术人员的能力水平高低直接影响到公司的成败，特别是在少数几个非常关键的职位上，要求就职者具备创业精神、敏感的观察能力、广泛的学识和丰富的经验，每一家证券公司都愿意投入巨资来吸引这类优秀人才，导致高级人才流动频繁。对于证券公司而言，高级人才的流动不只意味着大量的商业机密可能被泄露，更糟糕的是，这可能导致公司的运营效率大幅下滑，使得公司的整体业务遭受重创，同时也可能导致其他员工的进一步流失，进一步加剧公司的经营困境。所以，对证券公司而言，人事风险越来越重要，已经成了公司必须严肃对待的事情。同理，人事风险也难以确定，服务年限长短、合同处罚是否严厉、公司氛围如何、领导对待员工的态度如何等因素只有助于在一定程度上预测公司的人事状况。

**（二）对证券公司风险的评估**

为全方位和精准地评估一家证券公司的信用等级，评级人员需要对那些可能影响具体公司风险的内部和外部环境进行深入的分析研究。

首要的评估环节是寻找所需要的信息。信息可以从以下几个途径得到。

（1）管理机关资料

各个国家都有专门负责证券业务的管理机构，这些机构对其管理的证券公司都有提交资料的要求，以便主管部门进行深入的分析和研究，这些管理机构通常还会提供相关评级报告作为证券公司信用评级的主要参考。以美国为例，一些证券公司除日常报告之外，还频繁地向证券交易管理委员会提交与之相关的"专题研究报告"。

（2）财务报表

由于证券公司法律纠纷较多，财务报表在信用评级中扮演的角色也变得日益重要。

（3）合并和非合并的财务报告

对于证券控股公司和银行控股公司来说，无论是并购还是非并购的财务报告都是至关重要的。

（4）公司业务的书面信息资料

除了常规的年度报告，评级人员还需要收集证券公司与销售相关的资料、各种类型的报告以及备忘录。评级人员应亲自操作，并从这些数据中分析和提取一些有用的信息，如主要经营活动盈利率、公司总资产对所有经营活动的分配情况等，以及公司的固定成本、随着销售额增加而变化的成本比率等。

（5）从其他同业人员、行业组织及报刊得到有关信息

了解外部人员特别是顾客对企业的感受非常重要，而从外部人员身上或许能获得一些实实在在的信息，以提高考察的全面性。

（6）由其他评级人员提出的报告

某家证券公司很可能在之前已经雇用了其他的信用评级机构来对其信用进行评级，并且该公司还进行了内部的信用评级，这些评级报告为当前的评级工作提供了宝贵的参考，尤其是那些权威的评级机构。

评估过程的第二个阶段是对收集到的数据进行整合，并按照以下顺序对证券公司进行定性分析。

（1）资本充足度

资本充足度对于证券公司的信誉状况起到了关键的评价角色作用。要判断证券公司的资本是否充裕，仅根据股本和资产的关系是不够的。由于资产的规模不仅仅受到市场风险、违约风险和人事风险的影响，在国际实践中，通常会采用四个不同的资本指数来评估。主要评估标准包括：公司是否拥有充足的资金来抵御重大市场的波动所带来的经济损耗等；公司在连续衰退阶段能否拥有充足的财务资源来维护其日常运营。

①现金资本。现金资本是指可用以弥补抵押的缺陷、保持企业资产稳定的资本。证券公司资金运用有长期与短期之分，短期资金运用通常是短期抵押贷款与无抵押贷款两种方式，其费用比较低廉，但是因为借期较短而较为动荡。长期资金包括股本、留存收益以及长期信用贷款等，这些资金费用昂贵，但是因为借期比较长或者不需要还款而比较稳定。当证券公司无法筹集足够的无抵押贷款但可以用现有资产（如股票、债券等的抵押）借入抵押贷款时，由于抵押贷款额一般小于抵押品价值，二者之差须由长期资金补足，此长期资金则为资本。

②风险调整资本。在经济衰退阶段，股票价格时常呈现下滑。举一个具体例

子，若某家公司的股价从200万元骤减到180万元，同时其他所有条件没有改变，则该公司至少需要拥有65万元的长期资本，这一条件有助于确保公司不会被迫销售股票。这65万元资金需要由抵押折扣和市场风险等获得，因此这部分资金被称为风险调整资本。在金融市场出现大幅波动的情境下，资产风险度相当大的证券公司，或者说资产风险较高的证券公司，应当具备更高层次的风险调整资本。此外，一个证券公司持有的风险调整资本越多，越值得信赖。

③经济资本。在风险调整资本的基础上，如果考虑到证券公司可能拥有的部分隐秘资产和负债、部分被高估或低估的投资，以及公司的部分特许权价值，那么风险调整资本的进一步调整将产生经济资本。

④管理资本。管理资本是政府管理机构请求并算出的资本。对证券公司来说，一个有权利经营的资本意味着资金满足政府的需求，但并不意味着其实际的运营资本就绝对充沛。另外，美国证券交易监督委员会（简称美国证监会）、日本财政部在评估管理的证券公司的资本状况时，各自所使用的技术手段和评判准则存在差异。

（2）内部管理水平

正因为面临着巨大的风险，很多证券公司都会积极采取多种手段来设法控制并减少风险。内部管理水平是决定证券公司受到风险打击概率的一个主要因素，所以必须对这一问题进行仔细的剖析。

第一，分析证券公司如何对市场风险度进行识别，配置与监管。这一判定过程时而正式、集中，时而不是。此外，一些证券公司还组装了电脑系统，可在任何时候追踪它们所有生意中的风险头寸。有的证券公司采用批处理方式，每天都要进行1次风险头寸的计算，1天内的仓位都要靠高级管理人员来把握。也有一些证券公司以自身收益曲线变化决定盈亏。评级人员还需要知道跨越公司风险度交易的工作人员会受到何种惩罚和交易人员是否被允许跨越交易权限。评级人员必须在全球范围内对上述问题进行研究，才能决定地方经营人员对证券公司风险控制制度是否拥有较大的变革权。

第二，分析证券公司如何对各种资产进行风险级别的分类。评级机构对证券公司进行评估，确定哪些资产属于高风险、哪些资产属于一般风险、哪些资产属于无风险资产，以及各类风险度资产所占最大比重有无明确限制等问题。

第三，对于证券头寸的补偿方法进行深入的分析。对证券公司来说，风险管理是至关紧要的。此外，评级人员还需要深入探讨如何将抵补、市场风险的确定以及风险控制制度融合为一个完整的体系。

第四，探讨当保证金未达标时，存在的抵押策略是什么。评级人员除了需要研究抵押的结构，也需要进一步探讨初始保证金和维持保证金之间的关系。例如，如果保证金中有相当大的部分是用某家公司的股票作为抵押，那么所带来的风险会显著上升；而如果某家公司为其他证券公司提供担保，那么还需要进行深入的审查。

第五，对信贷部门的规模、作用范围和其独立性进行全面的分析。信贷部门若能普遍地重视内部风险，真正做到独立承担本职工作，则可有效防范各类风险。

（3）动态资本能力

对于证券公司来说，其自有资本不总是恒定的，除了股本还包括留存收益和各种风险备用金，故自有资本随时间及经营状况改变，同时，证券公司也可通过借入新债、发行股票等方式募集资金。如果从长期来看，一家证券公司现金流入足够多、筹资渠道广泛，就能大幅度地减少现有的资本需求，因此评级人员需要对证券公司这种不断变化的资本能力进行深入的分析。

当考虑证券公司的营利能力时，评级人员首先需要明确一点：股权收益率并不能完全反映问题的准则，因为它其实是与公司的整体负债相关联的函数；进一步来说，证券公司的收益与资产规模并没有密切联系，其资产收益率的潜在误差导致人们对其有误解。例如，证券公司A与证券公司B都成功地获取了同等数额的盈利，但是A的总资产只是B的总资产的一半，这显示了其在财务和运营方面的优势。但是，A的资产大部分是低风险债券，B的资产往往是高风险的衍生金融工具，也就是说，当B的资产开始出现亏损时，市场风险会非常高，如果不计入预期的风险损失，这两个公司的真实盈利潜力或许是持平的。

正因如此，国际上普遍强调需要制定一整套的营利能力测评标准来全面评估市场周期的盈利状况。这不仅可以用于观察在市场繁荣时期实际的盈利是否大于预期，也可以用于分析在行情下滑之后，风险增加导致利润显著减少的情况，这样才能对风险与利润有一个全面的认识。利用精心设计的各种测量指标，评级人员能够计算出行业内同类型证券公司的经营状况，并将这些计算结果与证券公司自身进行比对。这有助于评级人员了解证券公司盈利水平与同行业证券公司有何不同，而且这种比对应该在类似的证券公司群体中得以执行。例如，在分散型和集中型公司之间，由于不同类型的公司在资本构成和营运环境方面存在显著差异，因此它们的盈利率难以轻易地进行相互比对。举例来说，分散型公司的收益通常低于集中型公司，而且它们的债务负担也相对较轻，所以其盈利率难以与集中型公司进行精确比较。

依据公司管理风险的不同途径，进行公司收益率的考察成为一项极其重要的任务。公司越是充满活力、行为越是果断，就应该期待更大的利益和收益。因此，评级人员必须对公司在各个经营领域内的具体比例进行详细阐述。但是，即便许多公司刻意这样做，它们往往为了保守信息也不愿告诉评级人员。并且，从公开的数据中评级人员也不能直接获得这些信息。实际有效的方式应是访问公司及其行业人员以获取所需信息，查阅各证券公司每个月的财务报告，并收集在过去证券市场上的价格变化数据，以此探讨不同的证券价格变动对公司收益和资产的潜在影响。

证券公司的盈利潜力在很大程度上受到其固定成本和变动成本的影响，这是因为一般证券公司的固定成本往往偏高，一旦收入稍有波动，其利润就会大幅度减少。同时，固定成本也会对证券公司的风险态度产生影响，固定成本更高的证券公司可能更愿意承担风险以增加收益，从而降低总成本。

此外，对于公司来说，红利的分配策略对其资本的动态能力起到了决定性的作用。那些通常只发放少量现金股息或用配股方式替代现金分红的公司，由于能将更多的利润转化为长期留存收益，因此具有更出色的资本动态能力。除了将盈利转化为留存的利润，公司更倾向使用新的债务来偿还之前的债务。当一家公司在很大程度上依赖于诸如商业票据这样的短期融资手段时，它可能会在金融市场面临资金紧张或因信用下降而受到冲击的情况下遭遇筹集资金的难题。除此之外，评级人员还需对公司持有的未被抵押的资产进行深入的调查，特别是那些容易迅速获得批准的资产。当证券公司无法通过其他方式获得贷款时，可以将这些资产抵押给银行以获得融资。评级人员也应当关注公司如何运用双重杠杆进行运营。在双重杠杆的经营模式下，控股公司的债务可以被用来为子公司的股本和次级债务筹集资金。从信用评级的视角出发，次级债务应被视为管理资本并纳入双重负债的业务核算中。大规模的双重负债经营会使控股公司的债权人面临更高的风险。

（4）市场地位和经营历史

在大多数情况下，那些已经破产的证券公司的经营周期通常不会超过五年。这表明，拥有深厚历史背景的证券公司往往有较高的稳定性，它们在市场上所占的份额也相对较大，并且资本的分布也更为分散；它们拥有专业团队的技术熟练度，并具有相对较高的稳定性；它们还具备一个庞大的分销网络，这对于分散型公司来说是必要的；对于集中型公司而言，与客户维持长久而友好的关系是非常关键的；在证券行业中，它们拥有极高的声誉。

（5）证券公司的外部管理环境

①证券公司的管理制度环境。第一，管理机构在证券公司的红利发放和债务偿付环节能对资金流动产生极为显著的影响，对于证券控股公司而言，这一点尤为关键。这实际上暗示，该公司主要的财务来源——获得子公司资金的能力，可能会受到管理实体的影响和控制，这些组织有可能妨碍子公司的资金流转，进而造成母公司与子公司之间债权方地位的差距。当证券公司进行抵押债券发行活动时，其所承担债务的评估准则可能会由管理体制来设定。第二，管理机构可能对于无法偿还债务或破产的法律流程也会有所调整，这些变化可能涉及对各种债权人的处理方式、资金回收的时间以及金额。第三，管理机构采取的策略不仅削弱了证券公司商业经营的灵活性，也对商业结构和所面临风险的级别产生了影响。

②证券公司使用的会计准则。证券公司与其他许多财务公司所使用的会计标准存在差异。例如，在美国，证券公司所遵循的会计标准不像大家通常熟悉的美国通用标准，这也导致它在清偿能力、信贷损失计算以及报表分开性等方面与其他金融机构有显著不同。

全球各证券公司对于会计标准的应用情况各不相同。例如，美国的证券公司对库存证券的核算采用经过调整的市场价来进行，这一计价方法使得证券公司的股东权益更加准确。日本的证券公司对于所持多数证券都以成本价与市场价孰优孰劣的会计方式进行处理，形成大量的无形资产。这两种情况的后果是，尽管美国、日本两国的证券公司在财务指标上是一致的，但是实际上日本的证券公司要稳健得多。

# 第五章　企业 ESG 评级

本章是企业 ESG 评级，分别介绍了四个方面的内容，分别是 ESG 评级的基本概念及意义、ESG 评级的发展背景及过程、国内外主要 ESG 评级体系和企业提升 ESG 评级的路径建议。

## 第一节　ESG 评级的基本概念及意义

### 一、ESG 评级的基本概念

ESG 评级主要披露了上市公司的环境（environment）、社会责任（social responsibility）和公司治理（corporate governance）三个维度的信息，并就企业在这些方面的具体表现进行综合评级。对企业而言，良好的 ESG 评级代表市场认同企业在环保、社会责任和公司治理方面的投入和表现。

环境指标主要关注企业在其生产经营中的环保意识、环保投入等，包括在日常运营中对于环保意识的强化、培训，或在生产中采取的相应措施。具体指标可包含生产中减少的废弃物排放量、企业是否使用可再生资源、企业对于能源的使用效率、企业是否对员工开展与环境保护相关的培训等。

企业社会责任最早由美国学者汤普森（Thompson）和谢尔顿（Sheldon）提出，其认为企业在经营中需要考虑产业内外各类人群的需求，并认为道德因素也是企业社会责任的重要一环[①]。美国学者鲍温（Bowen）则对企业社会责任这一概念进行了正式定义，其认为企业只有按照社会的目标和价值取向展开经营，根据政府

---

① Thompson K, Sheldon O. The Philosophy of Management[M]. London：Sir Isaac Pitman & Sons, 1923.

政策做出对应决策，才能实现企业的长期发展①。美国学者卡罗尔（Carroll）进一步将企业社会责任定义为经济、法律、道德、社会期望四个维度的内容，被全世界广泛接受②。从指标来看，性别构成、职业健康安全、产品质量、公益慈善等会对其他各类人群乃至社会发展起作用的因素都应被包含在内。

针对公司治理这一指标，美国经济学家施莱弗（Shleifer）将其定义为投资者确保投资收益的一种手段，并将股东、债权人及管理层纳入统一框架，在法律约束之下形成权利和义务关系③。吴敬琏则认为公司治理是一种互相制衡的组织架构，其结构可能包括股东、管理层等④。因此公司治理并非一个刻板的概念，其内涵也在不断地丰富。目前来看，公司治理试图解决的委托代理问题，可大概划分为公司所有者与经理人间的第一类委托代理问题、控股股东与中小股东间的第二类委托代理问题以及包含了两者的双重委托代理问题。在指标维度方面，可以包含董事会独立性及多样性、风险管理、贪污受贿管理、高管薪酬等。

## 二、ESG 评级的意义

从企业层面来看，企业是绿色发展目标以及绿色发展进程在微观上的推行主体。ESG 评级的迅速发展与绿色产业的市场化前景密不可分，具备环境适应性的投融资活动，其潜在价值不断得到发掘。在国内外绿色发展等目标的需求下，企业作为低碳转型的行动主体，需要思考如何在行业布局和业务推行方面实现长期主义和可持续发展，并且平衡短期目标和长期目标之间的关系。其中的关键点在于企业战略，即企业要在全球变革期中尽快思索如何实现自身的环境目标，以及在变革中寻求自身在公司治理模式中的改变。ESG 评级则是推动和促进企业开展绿色转型的重要外在动力。

从金融机构层面来看，符合 ESG 的理念与业务创新是企业与金融机构之间践行绿色金融实践的催化剂：金融机构可对企业开展 ESG 评级以作为财务状况

① Bowen H R. Social Responsibility of the Businessman[M]. New York：Harper&Row，1953.
② Carroll A B. A three-dimensional conceptual model of corporate performance[J]. Academy of Management Review，1979，4（4）：497–505.
③ Shleifer A，Vishny R W. A survey of corporate governance[J]. Journal of Economics and Management Strategy，1997，52（2）：737–783.
④ 吴敬琏. 现代公司与企业改革 [M]. 2 版. 天津：天津人民出版社，1994.

与经营能力的补充，企业可开展 ESG 信息统计和披露工作并推进投资策略转型，将信息披露作为提升 ESG 评级的重要基础。

从政府层面来看，ESG 在中国的发展处于多方面协调的阶段，是一个多方位推动的过程。国内现有资产管理机构的投资策略大多处于通过负面筛选机制来防范风险的阶段，而国际上很多国家已超越规避风险阶段，把 ESG 真正作为自身价值链的组成部分。中国要想立足于世界强国，并打造一个健康的、有韧性的资本市场，ESG 投资的推动和发展是必然的趋势。

# 第二节　ESG 评级的发展背景及过程

## 一、ESG 评级的发展背景

### （一）ESG 评级的国际发展背景

ESG 的国际发展经历了三大因素的推动：一是关于信托与可持续性发展问题之间关系的激烈的思想辩论和法理辩论，二是气候变化，三是公司治理不善对市场的有害性。

第一个推动因素是关于信托与可持续性发展问题之间关系的激烈的思想辩论和法理辩论。2005 年，联合国环境规划署委托法学家弗里斯菲尔德·布鲁克豪斯·德林格（Freshfields Bruckhaus Deringer）提交了具有里程碑意义的报告，回答了一个具体问题：是否将环境、社会责任和公司治理问题纳入自愿允许、法律要求或受法律法规限制的投资政策（包括资产分配、投资组合构建以及股票或债券的选择）。该报告研究了七个主要世界发达市场（包括美国、英国、德国和法国）有关信托义务的法律，着重考量了美国谨慎投资人规则，该规则是统一的联邦法律（如美国 1974 年颁布的《雇员退休收入保障法》）的基础，该法律为自愿建立的养老金和医疗计划设定了在私营企业中为这些计划中的个人及其州级对应机构提供保护的最低标准。该报告得出的结论是，需要将 ESG 问题纳入与信托义务相符的地方，而且忽略这些长期风险实际上可能违反了信托义务。这一结论扫除了 ESG 发展的主要障碍。该报告总结如下：如上所述，ESG 因素与财务绩效之间的联系日益得到认可。在此基础上，将 ESG 因素整合到投资分析中，以便更可靠地预测财务绩效是被明确允许的，并且在所有辖区中都是无争议的要求。

第二个推动因素是气候变化。早在 20 世纪 80 年代，气候科学家就对其气候变化模型的表现感到担忧。政府间气候变化专门委员会由世界气象组织和联合国环境规划署于 1988 年共同建立，以应对社会对化石燃料燃烧和全球气温上升的日益关注。

联合国环境规划署还提高了人们对气候变化的认识。2005 年 8 月，联合国环境规划署发布了气候对保险业影响的第一份报告。碰巧的是，该报告发布时间刚好在卡特里娜飓风猛烈袭击美国墨西哥湾沿岸时。该报告与政府间气候变化专门委员会的评估相吻合，认为世界只有两种选择：要么遭受环境灾难，要么解决全球变暖问题。

第三个推动因素是公司治理不善对市场的有害性。公司治理和道德上的失败导致了 2008 年次贷危机和随后的经济大萧条。在次贷危机或 ESG 分析出现之前，良好的公司治理应该是基础投资的核心，但可以肯定的是，不良的道德行为一直隐匿着，等发现时为时已晚。不幸的是，当不良行为袭击市场时，资本市场的复杂性以及全球各地资本流动的速度加剧了投资者利益受损的速度。

1929 年的股市崩盘（导致 20 世纪 30 年代的经济大萧条）使得市场对标准化的财务报告提出了更高的要求。2008—2009 年次贷市场崩溃以及随后的经济大萧条使大型资产所有者明确表示，他们需要更好的框架来评估市场风险，尤其是围绕复杂的衍生工具和影子银行系统的风险。董事会首席执行官和主席职能分离、董事会独立性、有关可持续性问题的监督委员会、政治捐赠和透明度以及其他许多问题，对于股票的长期表现至关重要。投资者需要一个评价标准，通过它们评估气候变化、公司治理和行为的风险。然而，华尔街的传统分析方法并没有提供这种分析图景，因此 ESG 分析的需求增加。

### （二）ESG 评级的国内发展背景

2020 年 4 月 2 日美股市场开盘前，瑞幸咖啡发布公告自曝公司在 2019 年第二季度至第四季度涉及巨额财务造假，与虚假交易相关的销售金额约为 22 亿元。根据瑞幸咖啡向美国证监会提供的文件显示，在此期间，公司有关成本和费用也因虚假交易而大幅膨胀。

公告发布后，股市产生大幅波动。瑞幸咖啡美股市场盘前跌幅超 80%，触发熔断机制，开盘后，瑞幸咖啡连续 6 次触发盘中熔断，被强制停止交易，当日公司市值蒸发近 50 亿美元。长期以来这一头戴多项光环的"独角兽"企业、我国国内规模最大的咖啡连锁品牌的财务造假事件，在国内外社会各界引发轩然大波。中国证监会第一时间发表声明表明严正立场：按照国际证券监管合作的有关安排，依法对相关情况进行核查，坚决打击证券欺诈行为，切实保护投资者权益。

早在事发前两个月，国际知名做空机构浑水公司派出共计 1510 位调查员进行实时实地监控，详细统计瑞幸咖啡各线下门店客流量，记录营业时间录像视频，由统计结果得出五大确凿证据和六大危险信号，并揭露其五大商业模式缺陷。瑞幸咖啡的财务造假事件仅仅是冰山一角，近年来，债券市场信用违约、大众汽车尾气排放数据造假作弊、康美药业财务爆雷等一系列社会事件不断进入公众视野，传统的企业评价模式对于此类具有高风险、难以预测且通常会引起市场连锁负面效应的"黑天鹅事件"往往不能提供准确的揭示和披露。在金融机构对长期非财务风险的评级产生新需求的背景下，国际组织、各国政府、企业、投资者等利益相关方的重视程度不断提高，ESG 投资理念逐渐由此演变并应运而生，以环境、社会责任和公司治理三个不同维度作为企业评级的核心指标，包括信息披露、评估评级、投资指引三个方面，在全新层面上符合并满足当代投资者的价值评估需求，有助于提前预知相关风险，防止资本盲目追求经济效益而不考虑其承担的社会责任，推行、倡导良善的价值观。企业 ESG 的表现对社会各界产生显著影响，社会公众的反映也会直观地表现在企业价值上，因此企业的 ESG 表现在近年逐渐受到国际社会的广泛重视。

## 二、ESG 评级的发展过程

### （一）国际 ESG 评级的发展过程

ESG 理念源自责任投资及伦理投资。20 世纪 60 年代起，环境保护运动在西方开始兴起，为了减少企业产生的污染，消费者和投资者愿意额外付出部分成本或牺牲部分收益，以支持企业使用环保技术替代传统技术。同时，商业银行等金融机构也开始认识到，企业在劳工保护、社区建设等项目上的支出会影响到项目收益和企业偿债能力，特别是在 2003 年，金融机构受到更多内外部压力，被要求践行更多社会责任，赤道原则因此出台，着重强调了金融机构在投资时对企业履行社会责任的关注。此外，市场基于投资实践发现，像薪酬制度、董事会结构等因素会影响企业长期经营的稳定程度，公司治理因素无疑也是相当重要的。

在投资者越发关注企业在环境、社会责任及公司治理方面的表现的背景下，联合国环境规划署金融倡议组织于 1992 年指出，希望金融机构在决策时更多考虑 ESG 因素，ESG 概念逐渐开始普及，并受到越来越多的关注。在国际组织方面，全球报告倡议组织于 2002 年基于 ESG 理念修订了《可持续发展报告指南》，该指南逐渐成为世界范围内多个国家进行 ESG 信息披露的标准。2006 年，《联合国负责任投资原则》发布。同年，高盛公司为投资机构做出表率，正式发布了一份整合了 ESG 信息的研究报告。

从 ESG 信息披露要求角度看，欧盟已用《企业可持续发展报告指令》替代了《非财务报告指令》。2011 年 10 月，欧盟制定《2011—2014 年欧盟企业社会责任更新战略》，提出"以立法形式要求企业披露环境和社会信息"。2014 年 10 月，《非财务报告指令》颁布，要求相关实体企业在发布财务报告的同时披露七方面 ESG 信息：商业模式、对重要 ESG 事项采取的政策、ESG 政策实施结果、与运营相关的主要 ESG 风险、与特定业务相关的非财务绩效关键指标、重要事项披露和指标以及高管组成多元化。《非财务报告指令》的适用对象是超过 500 名员工的大型实体企业，包括上市公司、银行、保险公司及欧盟成员国企业；《非财务报告指令》具有"双重实质性"，既考虑 ESG 对企业的影响，也考虑企业活动的环境和社会影响。自 2018 年起，相关实体企业要按《非财务报告指令》披露非财务信息。

2020 年，欧盟发布《欧洲绿色新政》，确立 2050 年实现"净零"排放目标。作为《可持续金融行动计划》的组成部分，2022 年欧洲理事会通过的《企业可持续发展报告指令》于 2023 年 1 月 5 日正式生效，取代《非财务报告指令》。与《非财务报告指令》相比，《企业可持续发展报告指令》主要有以下创新性特点：一是要求报告范围扩大，覆盖 50000 家实体企业。凡满足以下两个条件的实体企业都要披露 ESG 信息：员工在 250 名以上、净营业额 4000 万欧元以上、资产在 2000 万欧元以上；营业额 1.5 亿欧元以上，在欧盟至少有一家子公司或分支机构的所有非欧盟公司。二是对 ESG 报告进行鉴证。《企业可持续发展报告指令》引入独立鉴证机制，要求企业聘请审计师或其他独立机构对 ESG 报告进行鉴证，并分两步进行：在未形成统一 ESG 准则前，做出有限保证，形成统一准则后做出合理保证。三是规定了实体企业应报告的 ESG 信息，并按《欧洲可持续发展报告准则》进行报告。欧盟委员会授权欧洲财务报告咨询组负责该准则的起草。该准则最终形成三个层次、三大领域和三项议题的报告框架。其中，三个层次为行业通用标准、行业特定标准、实体企业特定标准；三大领域为战略、执行和绩效衡量；三项议题为环境、社会责任和公司治理。

**（二）国内 ESG 评级的发展过程**

我国 ESG 评级的发展主要分为三个阶段：社会责任理念形成与倡导自愿披露责任报告阶段（2008 年以前）；社会责任报告自愿披露和强制披露相结合阶段（2008 年至 2015 年 9 月）；进一步完善社会责任报告披露制度阶段（2015 年 10 月至今）。

*1. 社会责任理念形成与倡导自愿披露责任报告阶段*

2002 年 1 月 7 日，中国证监会与国家经济贸易委员会联合发布《上市公司治理准则》，其中第八十六条明确指出"上市公司在保持公司持续发展、实现股东利益最大化的同时，应关注所在社区的福利、环境保护、公益事业等问题，重视公司的社会责任"。同时，对信息披露与透明度提出了具体要求，其中包括公司治理信息的披露，此举被认为是监管机构明确企业社会责任的第一步。

2003 年 9 月 22 日，国家环境保护总局发布《关于企业环境信息公开的公告》，要求超标准排放污染物或者超过污染物排放总量规定限额的污染严重企业披露企业环境保护方针、污染物排放总量、企业环境污染治理、环保守法、环境管理五类环境信息，另外还包括自愿公开的环境信息，而对于部分污染严重的企业实行自愿与强制披露相结合的方式，此举被认为是国内企业环境信息披露要求的第一步。

2005 年 11 月 12 日，国家环境保护总局发布《关于加快推进企业环境行为评价工作的意见》，使用绿色、蓝色、黄色、红色、黑色分别标示企业环境行为评价结果，并向社会公布，以方便公众了解和辨识。同时发布《企业环境行为评价技术指南》，明确了企业环境行为的评价标准，要求各地选择适合当地情况的环境行为评价标准类别。

2006 年 9 月 25 日，《深圳证券交易所上市公司社会责任指引》发布，其中第三十五条、第三十六条鼓励上市公司建立社会责任制度，对外披露社会责任报告，但不具有强制性，仍属于自愿披露阶段。这响应了联合国负责任投资原则，充分借鉴了国际市场经验。2007 年 1 月 30 日，中国证监会发布《上市公司信息披露管理办法》，规范发行人、上市公司及其他信息披露义务人的信息披露行为，加强信息披露事务管理，为后续的 ESG 相关信息披露奠定了法律和行政法规基础。

2007 年 4 月 11 日，国家环境保护总局公布《环境信息公开办法（试行）》，鼓励企业自愿公开企业环境信息并给予相应奖励。

2007 年 12 月 29 日，国务院国有资产监管管理委员会印发《关于中央企业履行社会责任的指导意见》，其中第十八条提出建立社会责任报告制度，有条件的企业要定期发布社会责任报告或可持续发展报告，公布企业履行社会责任的现状、规划和措施。这属于自愿披露要求。

在此阶段，国内有关监管机构为推进经济社会可持续发展，充分借鉴国外社会责任的发展经验，结合我国发展情况，逐步形成社会责任理念，以倡导、鼓励企业自愿披露报告的形式为主，为后续 ESG 投资理念在国内的发展打下了良好的基础。

2. 社会责任报告自愿披露与强制披露相结合阶段

2008 年 5 月 14 日，上海证券交易所发布《关于加强上市公司社会责任承担工作暨发布〈上海证券交易所上市公司环境信息披露指引〉的通知》，明确要求上市公司披露与环境保护相关且可能对股价产生影响的重大事件，被列入环保部门污染严重企业名单的上市公司需要及时披露相关信息。

2008 年 12 月 30 日，上海证券交易所和深圳证券交易所分别发布《关于做好上市公司 2008 年年度报告工作的通知》，分别要求纳入"上证公司治理板块"及"深证 100 指数"的上市公司、发行境外上市外资股的公司及金融类公司披露社会责任报告。此举被认为是监管机构强制要求企业披露社会责任报告的第一步。

2012 年 2 月 24 日，中国银行业监督管理委员会（简称银监会）印发《绿色信贷指引》，推动银行业金融机构以绿色信贷为抓手，积极调整信贷结构，有效防范环境与社会风险，更好地服务实体经济，促进经济发展方式转变和经济结构调整。

2012 年 12 月 14 日，中国证监会发布《公开发行证券的公司信息披露内容与格式准则第 30 号——创业板上市公司年度报告的内容与格式（2012 年制订）》，明确了创业板上市公司年度报告的内容与格式，要求社会责任报告应经公司董事会审议并以单独报告的形式披露，且包括公司治理的实际状况的披露。上市公司社会责任报告的要求由此逐步清晰和明确。

2013 年 4 月 8 日，深圳证券交易所发布《上市公司信息披露工作考核办法（2013 年修订）》，将上市公司信息披露工作考核结果依据上市公司信息披露质量从高到低划分为 A、B、C、D 四个等级。其中按规定应当披露社会责任报告但未按照规定及时披露的企业信息披露工作考核结果不得评为 A。对不按规定披露社会责任报告的企业降低评级，进入自愿与强制披露相结合的阶段。

2014 年 4 月 24 日，全国人大常委会通过了修订后的《中华人民共和国环境保护法》，立法明确规定企事业单位和其他生产经营者应当防止、减少环境污染和生态破坏，对所造成的损害依法承担责任。

2015 年 1 月 13 日，银监会与国家发改委联合发布《能效信贷指引》，促进银行业金融机构能效信贷持续健康发展，积极支持产业结构调整和企业技术改造升级。

在此阶段，国内监管机构明确社会责任报告披露的实施细则，强制性披露的法律法规应运而生，推动了 ESG 投资理念的进一步完善。

3. 进一步完善社会责任报告披露制度阶段

2016 年 8 月 31 日，中国人民银行、财政部、国家发改委、环境保护部、银监会、中国证监会、保监会七部委联合发布《关于构建绿色金融体系的指导意见》，将构建绿色金融体系上升为国家战略要求，统一和完善有关监管规则和标准，强化对信息披露的要求。

2016 年 12 月 30 日，上海证券交易所发布《关于进一步完善上市公司扶贫工作信息披露的通知》，全面细化了上市公司相关社会责任工作的信息披露要求，强调了企业在扶困助弱相关方面应履行的社会责任。

2017 年 6 月 12 日，环保部与中国证监会联合签署《关于共同开展上市公司环境信息披露工作的合作协议》，共同推动建立和完善上市公司强制性环境信息披露制度，督促上市公司履行环境保护社会责任。

2017 年，上海证券交易所和深圳证券交易所分别成为联合国可持续证券交易所倡议（UN Sustainable Stock Exchange Initiative）第 65 家和第 67 家伙伴交易所，有助于借鉴国际成功经验，进一步丰富绿色债券、绿色证券指数等绿色金融产品序列，完善我国上市公司的可持续性信息披露框架。

2018 年 6 月 1 日，A 股被正式纳入摩根士丹利资本国际公司（Morgan Stanley Capital International，MSCI，又译明晟）新兴市场指数，是我国资本市场对外开放进程中的又一标志性事件。所有被纳入的 A 股上市公司需要接受 ESG 评测，其中不符合标准的公司将被调低评级或从该 ESG 指数中剔除。

2018 年 9 月 30 日，中国证监会修订《上市公司治理准则》，增加了第八章"利益相关者、环境保护与社会责任"，确立了 ESG 信息披露的基本框架，要求上市公司披露环境信息等社会责任相关情况。

2018 年 11 月 10 日，中国证券投资基金业协会发布《中国上市公司 ESG 评价体系研究报告》和《绿色投资指引（试行）》，发布上市公司 ESG 绩效的核心指标体系，鼓励基金管理人关注环境可持续性，强化基金管理人对环境风险的认知，明确绿色投资的内涵，推动基金行业发展绿色投资，改善投资活动的环境绩效，促进绿色、可持续的经济增长。自此我国上市公司开始将衡量 ESG 披露质量作为投资决策参考的重要信息。

在此阶段，社会责任报告披露制度进一步完善，监管机构对实施细则进行修订，向投资者传达更加可靠且有效的上市公司社会责任信息，相关研究机构提出了具体的量化评价模式。此外，部分国内上市公司被纳入 ESG 评级体系，实现了与国际的正式接轨。

## 第三节 国内外主要 ESG 评级体系

大量提供报告和评级的第三方提供商正在对国内外的许多上市公司的 ESG 绩效进行评估和评级。机构投资者、资产管理者、金融机构和其他利益相关者越来越依赖这些报告和评级来评估和衡量企业在一段时间内的 ESG 表现。这些

ESG 评级结果也成为投资者与企业就 ESG 评级进行沟通的基础。

但是，这些报告和评级方法的覆盖范围差异很大。目前，国际上明晟 [ 有道琼斯可持续发展指数（Dow Jones sustainability indices，DJSI）]、富时罗素（FTSE Russell）、全球环境信息研究中心等国际机构的 ESG 评级方法及相关应用占据全球主流位置。

中国境内知名的第三方 ESG 评级包括商道融绿 ESG 评级、社会价值投资联盟 ESG 评级等。

ESG 评级指标体系是 ESG 核心价值的具体体现，也是 ESG 投资的基础。这些机构将评级指标分别划入 E（环境）、S（社会责任）、G（公司治理）三个方面，但在底层指标设计上各有不同。在计算方法上，以加权平均为主，根据各自方法赋予一定的指标权重，并按照行业情况对权重进行调整。

## 一、国际较有影响力的评级体系

### （一）明晟

明晟针对全球 7500 家公司（包括子公司在内的 13500 家发行人）和 65 万只股票和固定收益证券进行评级。明晟与全球 50 家著名的资产管理公司中的 46 家开展合作，是全球领先的 ESG 评级和研究机构。

2018 年 6 月，A 股被正式纳入明晟新兴市场指数和明晟全球指数，所有纳入明晟指数的上市公司将接受 ESG 评级，A 股上市公司由此开启了接受明晟 ESG 评级的新局面。2019 年 11 月，明晟 ESG 研究团队公开逾 2 800 家上市公司的 ESG 评级结果。2019 年，中国上市公司的明晟 ESG 评级表现有所提升，但仍与全球市场有差距。2020 年，明晟也公开了所有国家世界指数（all countries world index，ACWI）中 7500 只成分股的 ESG 评级，为全球投资者进一步提升了 ESG 信息透明度。

明晟评级方法的亮眼之处在于其指标体系非常全面，不仅对于企业潜在风险暴露以及风险管理进行评估，同时也注重环境、社会责任、公司治理方面的发展机会。在实际构建指标体系过程中，不仅考虑了行业差异，同时也增加了时间维度。明晟评级体系主要包含 3 个大类、10 项主题以及 37 项关键指标，具体情况如表 5-1 所示。

表 5-1 明晟评级体系

| 大类指标 | 主题 | 关键指标 |
|---|---|---|
| 环境 | 气候变化 | 碳排放量 |
| | | 产品的碳足迹 |
| | | 为环境保护提供资金 |
| | | 是否加剧气候变化的脆弱性 |
| | 自然资源 | 对水资源的压力 |
| | | 对生物多样性与土地利用的影响 |
| | | 原材料的采购 |
| | 污染和废弃物 | 有毒的排放物和废弃物 |
| | | 包装材料及其废弃物 |
| | | 电子垃圾 |
| | 和环境相关的发展机会 | 清洁技术的发展机会 |
| | | 绿色建筑的发展机会 |
| | | 可再生能源的发展机会 |
| 社会责任 | 人力资本 | 劳动力管理 |
| | | 健康和安全 |
| | | 人力资本开发 |
| | | 供应链劳动力标准 |
| | 产品责任 | 产品的安全和质量 |
| | | 化学品的安全性 |
| | | 金融产品的安全性 |
| | | 隐私与数据安全 |
| | | 责任投资 |
| | | 健康与人口风险 |

续表

| 大类指标 | 主题 | 关键指标 |
|---|---|---|
| 社会责任 | 与利益相关方是否存在冲突 | 易引起争议的采购事件 |
| | 与社会责任相关的发展机会 | 涉及通行行业的机会 |
| | | 涉及金融行业的机会 |
| | | 涉及医疗保险的机会 |
| | | 涉及营养和健康行业的机会 |
| 公司治理 | 公司的治理 | 董事会 |
| | | 薪酬 |
| | | 所有权 |
| | | 会计准则 |
| | 公司的行为 | 商业伦理 |
| | | 反垄断实践 |
| | | 税收透明度 |
| | | 腐败和不稳定性 |
| | | 金融体系的不稳定性 |

明晟主要通过公开信息抓取上市公司 ESG 层面的表现，并将数据整合为超过 1000 个企业 ESG 政策和表现的数据点。明晟的数据来源主要有三类。

①来自政府以及非政府组织专业数据库，如全球环境信息研究中心。

②来自上市公司公开信息披露，包括年报、可持续发展报告等。

③来自全球和当地新闻机构、政府以及非政府组织等的媒体渠道。

明晟 ESG 团队会与企业进行沟通以确认相关数据的质量及可靠性，并对 ESG 报告数据及相关信息进行反馈与修正，对企业发生的争议性事件进行每日监控，此外，明晟每周对关键因素指标的评分情况进行调整。其中值得关注的是，明晟会采用替代数据，即由企业外部发布的与企业有关的信息，以弥补企业自身披露的不足。

在上述 37 项关键指标中，明晟依据各个议题从企业的风险暴露和风险管理两方面进行打分。

①风险暴露：企业在多大程度上暴露于行业实质性风险？

②风险管理：企业如何管理每项实质性风险？

同时，这些指标的权重也会由所在行业来决定。指标权重的高低主要反映两方面情况：一是该项指标对于行业的影响强度，二是该行业受该指标影响的时间。

具体来看，该指标体系一方面考察的是该行业的这些指标相对于其他所有行业而言，对环境或社会所产生的外部性大小，且通常是基于相关数据进行的分析，最终得到"高等""中等""低等"三档的影响力评价，如对于平均碳排放强度这一指标的权重判定就是如此。另一方面考察的是这些指标给该行业企业带来的实质性风险或机遇，也就是可能产生实质性的负面或者正面影响的时间长短，也按照具体年份数划分为"长期""中期""短期"三档。最终具备"短期"且"高等"影响力的指标，其权重设置可能为具备"长期"且"低等"影响力指标的 3 倍以上。从更新频率来看，每年 11 月明晟 ESG 研究将对各个行业的考察指标及权重进行一次重新审查。

最后还需要关注企业的负面事件。明晟也会对企业的负面事件进行审查，因为在明晟看来，负面事件的出现可能展示出企业在风险管理中存在的结构性能力缺陷。

总结起来，明晟 ESG 评级是基于全球同业的相对结果，对企业的关键议题的风险暴露和风险管理进行评分，经过行业加权和调整之后分为"AAA"（最高）到"CCC"（最低）7 个等级。CCC 和 B 等级表明企业处于落后水平，BB、BBB 和 A 等级表明企业处于平均水平，AA 和 AAA 等级表明企业处于行业领先地位。

明晟根据其对上市公司的 ESG 评级结果，开发了多种 ESG 指数产品，旨在帮助机构投资者更有效地衡量 ESG 投资业绩。明晟的 ESG 投资策略主要包括 ESG 整合、价值观的体现和影响力投资三大类，主要 ESG 指数产品包括：①明晟 ESG 领导者指数；②明晟 ESG 关注指数；③明晟责任投资指数；④明晟 ESG 广泛指数；⑤明晟气候变化指数；⑥明晟低碳指数。

### （二）道琼斯可持续发展指数

与明晟根据上市公司的 ESG 评级结果进行 ESG 指数产品的搭建一样，DJSI 也由标准普尔道琼斯指数有限公司基于瑞士评级公司 RobecoSAM 的企业可持续发展评估（Corporate Sustainability Assessment，CSA）进行指数的发布和计算。相较于其他评级体系，DJSI 具有悠久的发展历史，是全球公认的社会责任及可持续发展参考标杆。

自 1999 年成立以来，DJSI 就开始持续进行企业 ESG 表现评估，并搭建可持续发展指数产品。RobecoSAM 的 CSA 具有最高的评级质量。在全球纷繁复杂的 ESG 评级体系中，能够获得多数受访者的认可，也侧面证明了 RobecoSAM 在衡量企业可持续发展表现上所存在的价值。

2020 年 2 月，知名评级公司标准普尔全球（S&P Global）发布了 2020 年度 DJSI 系列的邀请名单，邀请全球约 3 500 家上市公司参与企业可持续发展测评，通过回应网上问卷的形式展示自身在可持续发展方面的表现。各行业的可持续发展表现得分最高的 10% 将最终入选 DJSI 系列成分股。在该次邀请名单中，中国共有超过 360 家上市公司受邀，中国平安和光大国际入选了 DJSI 新兴市场指数。值得注意的是，这也是中国平安首次入选 DJSI 新兴市场指数，光大国际自 2016 年就连续多年入选 DJSI 新兴市场指数。总体而言，RobecoSAM 的 ESG 评级体系对于中国上市公司的门槛较高。

DJSI 是在 RobecoSAM 的 CSA 基础上建立的。CSA 遵循一系列严格的方法论，选取与所评企业相关的具有财务影响的行业指标。

因此，CSA 不仅具有通用维度，还有行业特定指标及权重。除了经济、环境和社会通用议题，每个行业都有一系列的行业特殊议题，以食品行业为例：①在经济维度下，有客户关系管理、创新管理、健康与营养、新兴市场策略等行业指标；②在环境维度下，有环境策略及管理体系、转基因生物制品、包装材料、原材料采购、水资源风险等行业指标；③在社会维度下，有影响力价值和最低工资两个行业指标。

并且，相较于其他指标体系而言，RobecoSAM 的 CSA 方法论也比较公开透明。上述所涉及的具体议题的行业特定指标及具体议题解释等都作为公开信息进行发布，如表 5-2 所示，企业也可以针对自身的情况进行相应提升。

表 5-2 CSA 环境议题展示

| 议题 | 特定指标 | 具体议题解释 |
|---|---|---|
| 环境 | 运营生态效率 | 直接温室气体排放（范围1） |
| | | 间接温室气体排放（范围2） |
| | | 能源 |
| | | 耗水量 |
| | | 废弃物 |
| | 气候战略 | 管理激励 |
| | | 气候变化战略 |
| | | 气候情景分析 |
| | | 气候相关目标 |
| | | 低碳产品 |
| | | 范围三温室气体排放 |
| | | 内部碳定价 |
| | 产品管理 | 产品设计规则 |
| | | 生命周期分析 |
| 环境 | 产品管理 | 产品效益 |
| | | 有害物质 |
| | | 承诺 |
| | | 产品生命周期结束 |
| | | 环境标签和声明 |

从 1999 年开始进行 CSA 以来，CSA 的评估方法论也在不断演进和发展。每年受邀参与问卷填写的企业都会收到与上年略微不同的问卷问题和内容。此举是希望通过问卷内容的更新，全面反映并涵盖最新的可能会对企业竞争优势产生影

响的可持续发展议题和趋势。例如，在 2020 年版的方法论中，部分议题的表述方式以及问题的内容都有修改（表 5-3）。

表 5-3　2020 年 CSA 议题部分调整展示

| 议题 | 涉及行业 | 关键变化 |
| --- | --- | --- |
| 信息安全／网络安全与信息技术系统可用性 | 全部行业 | 该标准侧重于企业为防范重大信息安全／网络安全事件做好准备的能力，以及在受到攻击时它们是否可以做出适当反应。它还评估企业过去是否曾经历过信息安全／网络安全事件以及其财务后果 |
| 可持续金融 | 银行业、保险业、多元化金融资本行业 | 金融机构在应对可持续发展挑战、促进向低碳经济过渡以及促进可持续发展方面可发挥重要作用。在识别和解决日益严重的环境挑战及相关风险时，金融机构可以通过利用其在金融创新中的专业知识而受益。提供新金融工具的机会使金融机构可以将 ESG 集成到每个业务领域中。修订后的问题可以使企业更清楚地披露所有业务运营中的创新产品，以及企业如何在其不同的业务部门中整合 ESG 标准 |

表 5-3 所提及的两个议题都是当下企业可持续发展的重要议题。近年来，消费者对于个人隐私的安全保护意识不断增强，但企业层面信息泄露事件仍层出不穷。2018 年，全球最大社交媒体 Facebook 被曝出数据泄露事件，根据《纽约时报》的报道，有近 5000 万条个人信息泄露。

万豪国际酒店集团在 2018 年因消费者信息泄露事件而被英国政府罚款近 1.2 亿美元，之后在 2020 年 3 月万豪国际酒店集团又遭受第二起信息泄露事件，据称有近 520 万名消费者信息被黑客盗取。因此，对于所有行业来讲，在治理层面的信息和网络安全成为企业关心的实质性议题。因此，包括信息安全和可持续金融在内的其他 ESG 议题也都在每年 CSA 方法论更新过程中进行涵盖。

CSA 主要将 61 个依据行业划分的调查问卷作为信息来源，每一份问卷有 80~100 个问题，涵盖 20 个不同的议题。每一个问题都需要有文本、相关文件或是数据进行支撑。根据每个问题的结果，对 20 个不同议题进行加权计算后得分。

随后，这 20 个议题又会按照经济、社会责任、公司治理三个维度进行加权汇总，生成三个维度的得分。最后得出标准普尔全球 ESG 得分（S&P Global ESG score）。企业也会依据得分被划分为金牌企业、银牌企业、铜牌企业、行业进步者以及可持续发展企业。

不仅企业会被划分为金牌、银牌、铜牌企业，同时，正如前文所提到的，各行业评分靠前的企业也会被收录进入 DJSI 系列。经过 20 多年的发展，DJSI 已经形成了一系列指数，包括最核心的 DJSI 世界指数。目前 DJSI 主要按照地域和国家划分为 DJSI 世界、DJSI 北美、DISI 欧洲、DJSI 亚太地区、DJSI 新兴市场、DJSI 韩国、DJSI 澳大利亚、DJSI 智利、DJSI 太平洋联盟等指数。

### （三）富时罗素

富时罗素是隶属于伦敦证券交易所的指数编制公司。目前，富时罗素已运营指数超过 50 年，覆盖全球 25 个交易所和 98% 的可投资证券市场，有 3 万亿美元的资金跟踪其指数。

富时罗素拥有逾 15 年的 ESG 评级经验对企业进行 ESG 评级和跟踪，其评级方法包含 ESG 三个维度的 14 个主题，每个主题下有 10~35 个指标，总计 300 个指标。对于每家受评企业，富时罗素会根据其在富时罗素行业分类系统中的类别选择适用于该行业的主题进行评级（表 5-4）。

表 5-4　富时罗素 ESG 评级体系主题

| 大类指标 | 主题 | 大类指标 | 主题 | 大类指标 | 主题 |
|---|---|---|---|---|---|
| 环境 | 生物多样性 | 社会责任 | 顾客责任 | 公司治理 | 反腐败 |
| | 气候变化 | | 健康和安全 | | 企业治理 |
| | 污染物和资源 | | 人权和社区 | | 风险管理 |
| | 供应链 | | 劳工标准 | | 税务透明度 |
| | 水安全 | | 供应链 | | |

根据每一家企业所在的行业进行细分之后，富时罗素会选择相应的行业主题进行评级。评级结果主要依据两个维度进行加权打分，一是风险暴露，二是信息披露程度，最后得到主题得分。

在富时罗素的评分方法中，横轴为风险暴露，其主要考虑两方面因素的影响：一是与该行业相关主题的财务重要性，与明晟和 DJSI 做法一致，不同的行业会受到不同 ESG 风险的影响，因此风险暴露程度也会不同；二是企业的运营所在地，ESG 相关的主题也会受到地域因素的影响，不同地域的差异性也会反映在风险暴露中。因此，在综合考虑相关因素之后，富时罗素会把企业在该主题上的风险暴露程度按照低、中、高进行划分。

决定一个企业在某个主题上获得成绩的另外一个因素是信息披露的程度。在每个主题之下，企业信息披露所能够回应的具体指标的有效程度将会影响该主题的最终得分。

根据信息披露有效程度结合上述提到的风险暴露程度，在评分矩阵图中找到对应的分值（表 5-5）。以社会中的供应链主题为例，假设某企业的供应链风险暴露程度为中等，同时供应链相关信息披露有效性达到 41%~60%，那么该企业在供应链主题下的评分将会为 4 分。最后，富时罗素会把所有主题评分结果加权汇总为从 0 到满分 5 分的评级区间。

表 5-5　富时罗素评分方法

| 项目 | | 风险暴露 | | |
|---|---|---|---|---|
| | | 低 | 中 | 高 |
| 主题得分 | 0 | N/A | 0 | 0 |
| | 1 | 0~5% | 1%~5% | 1%~10% |
| | 2 | 6%~10% | 6%~20% | 11%~30% |
| | 3 | 11%~30% | 21%~40% | 31%~50% |
| | 4 | 31%~50% | 41%~60% | 51%~70% |
| | 5 | 51%~100% | 61%~100% | 71%~100% |

富时罗素的 ESG 评级结果一方面会直接被追随富时罗素的投资者作为投资参考，另一方面还会用于富时罗素的可持续投资系列指数的构建。目前，富时罗素的可持续投资系列指数中较为知名的有富时罗素 ESG 指数和富时社会责任指数（FTSE4Good 指数）。2019 年 6 月，富时罗素宣布将 A 股纳入其指数体系，并逐步提高纳入比例。

富时罗素的 ESG 评级对全球 47 个发达市场和新兴市场约 4100 只证券进行 ESG 研究。富时环球指数系列（包括发达及新兴系列）、富时全指指数、罗素 1000 等的成分股企业均会被纳入评级范围。

## 二、国内较有影响力的评级体系

### （一）商道融绿

北京商道融绿咨询有限公司（简称商道融绿）结合全球 ESG 标准和中国市场特点，专为中国开发了有效的 ESG 评估方法，并积累了大量数据。目前商道融绿 ESG 评级数据库所涵盖的投资标的数量进一步增加，不仅包括沪深 300 的投资标的，还包括中证 500 的投资标的，共 800 只标的。

商道融绿 ESG 评级体系共包含三级指标（表 5-6）：一级指标为环境、社会责任和公司治理三个维度；二级指标为环境、社会责任和公司治理下的 13 项分类议题，如环境下的二级指标包括环境管理、环境披露及环境负面事件；三级指标涵盖具体的 ESG 指标，共有超过 200 项三级指标，如社会责任方面的三级指标包括劳动政策、员工培训、女性员工、反歧视、供应链责任管理等 30 多项指标。评级体系分为通用指标和行业特定指标：通用指标适用于所有上市公司，行业特定指标是指各行业特有的指标，只适用于本行业内的上市公司。

表 5-6  商道融绿 ESG 评级体系

| 一级指标 | 二级指标 | 三级指标（部分） |
|---|---|---|
| 环境 | 环境管理 | 环境管理体系 |
| | | 环境管理目标 |
| | | 员工环境意识 |
| | | 节能和节水政策 |
| | | 绿色采购政策 |
| | 环境披露 | 能源消耗 |
| | | 节能 |
| | | 耗水 |

续表

| 一级指标 | 二级指标 | 三级指标（部分） |
|---|---|---|
| 环境 | 环境披露 | 温室气体排放 |
| | 环境负面事件 | 水污染 |
| | | 大气污染 |
| | | 固废污染 |
| 社会责任 | 员工管理 | 劳动政策 |
| | | 反强迫劳动 |
| | | 反歧视 |
| | | 女性员工 |
| | | 员工培训 |
| | 供应链管理 | 供应链责任管理 |
| | | 监督体系 |
| | 客户管理 | 客户信息保密 |
| | 社区管理 | 社区沟通 |
| | 产品管理 | 公平贸易产品 |
| | 公益及捐赠 | 企业基金会，捐赠及公益活动 |
| | 社会负面事件 | 与员工、供应链、客户、社会及产品相关的负面事件 |
| 公司治理 | 商业道德 | 反腐败和贿赂 |
| | | 举报制度 |
| | | 纳税透明度 |
| | 公司的治理 | 信息披露 |
| | | 董事会独立性 |
| | | 高管薪酬 |
| | | 董事会多样性 |
| | 公司治理负面事件 | 商业道德和公司治理负面事件 |

商道融绿 ESG 评级体系的特点在于重视负面事件的评价。在每个一级指标下的二级指标中，都包含了负面事件二级指标。三类负面事件指标形成了商道融绿 ESG 负面信息监控体系，有助于投资者采用负面剔除的选股方法。

上市公司 ESG 信息的来源为公开信息，分为环境、社会责任和公司治理三大方面，每一方面都覆盖上市公司自主披露的信息和相关负面信息。

上市公司自主披露的 ESG 信息主要来自上市公司年度报告、可持续发展报告、社会责任报告、环境报告、公告、上市公司官网等。上市公司的负面 ESG 信息主要来自上市公司自主披露、监管部门（如环保、安监、证监、银保监等部门）的处罚信息、正规媒体报道、社会组织调查等。商道融绿 ESG 信息评估指标体系分为信息收集、分析评估及评估结果三项流程。在信息搜集阶段，将完成搜集上市公司自主披露的 ESG 信息及通过商道融绿 ESG 负面信息监控体系搜集上市公司的 ESG 负面信息；在分析评估阶段，将对照国际和国内法规、标准及最优实践，对上市公司自主披露的信息进行评估，然后对负面事件根据严重程度及影响等进行评估，并将评估结果进行交叉审核；在评估结果阶段，根据不同行业的实质性因子进行加权计算，并最终得到每个上市公司的 ESG 综合得分。根据对全体评估样本上市公司的 ESG 综合得分进行排序，参考国际通用实践及中国上市公司 ESG 绩效的整体水平，参照聚类分析的方法得到商道融绿 ESG 评级的级别体系，共分为十级，其含义如表 5-7 所示。

表 5-7　商道融绿 ESG 评级的级别体系及其含义

| 评级 | 含义 |
| --- | --- |
| A+、A | 企业具有优秀的 ESG 综合管理水平，过去 3 年几乎没出现 ESG 负面事件或个别轻微负面事件，表现稳健 |
| A-、B+ | 企业 ESG 综合管理水平良好，过去 3 年出现过少数影响轻微的 ESG 负面事件；ESG 风险较低 |
| B、B-、C+ | 企业 ESG 综合管理水平一般，过去 3 年出现过一些影响中等或少数较严重的负面事件，但尚未构成系统性风险 |
| C、C- | 企业 ESG 综合管理水平薄弱，过去 3 年出现过较多或较严重的 ESG 负面事件，ESG 风险较高 |

| 评级 | 含义 |
|------|------|
| D | 企业近期出现重大的 ESG 负面事件，对企业有重大的负面影响，已暴露出很高的ESG 风险 |

### （二）社会价值投资联盟（深圳）

社会价值投资联盟（深圳）（简称社投盟）是中国首家专注于促进可持续发展金融的国际化新公益平台，由友成企业家乡村发展基金会、中国社会治理研究会、中国投资协会、吉富投资、清华大学公益慈善研究院明德公益研究中心等领衔发起，由近 50 家机构联合创办。

社投盟 ESG 的评级信息来源如下：①企业公开信息披露，包括年度报告、社会责任报告及可持续发展报告等；②监管部门信息，包括应急管理部、国家税务总局、生态环境部等，以及各级法院公开信息和黑名单；③第三方数据库及主流媒体信息披露。

社投盟对于企业社会价值的评估逻辑在于"义利并举"，将企业的社会价值分为"义"和"利"两个取向，与环境效益（E）、社会效益（S）、治理结构（G）、经济效益（E）的国际共识相结合，通过目标（驱动力）、方式（创新力）和效益（转化力）三个维度对企业社会价值进行评估。这使得社投盟的评估模型在 ESG 评价的基础上增加了经济效益，这是其评价模型的独特之处。社投盟开发的"上市公司社会价值评估模型"由筛选子模型和评分子模型两部分构成。

①筛选子模型是社会价值评估的负面清单，按照 5 个方面（产业问题、财务问题、环境与事故、违法违规、特殊处理）、17 个指标对评级对象进行"是与非"的判断。

②评分子模型包括 3 个一级指标（目标、方式和效益）、9 个二级指标、27个三级指标和 53 个四级指标，这是对上市公司社会价值贡献的量化评分模型。社投盟评分子模型的指标体系如表 5-8 所示。

表 5-8　社投盟评分子模型的指标体系

| 一级指标 | 二级指标 | 三级指标 | 四级指标 |
|---|---|---|---|
| 目标（驱动力） | 价值驱动 | 核心理念 | 使命愿景宗旨 |
| | | 商业伦理 | 价值观经营理念 |
| | 战略驱动 | 战略目标 | 可持续发展战略目标 |
| | | 战略规划 | 中长期发展规划 |
| | 业务驱动 | 业务定位 | 主营业务定位 |
| | | 服务受众 | 受众结构 |
| 方式（创新力） | 技术创新 | 研发能力 | 研发投入 |
| | | | 每亿元营业总收入有效专利数 |
| | | 产品服务 | 产品 / 服务突破性创新 |
| | | | 产品 / 服务契合社会价值的创新 |
| | 模式创新 | 商业模式 | 盈利模式 |
| | | | 运营模式 |
| | | 业态影响 | 行业标准制定 |
| | | | 产业转型升级 |
| | 管理创新 | 参与机制 | 利益相关方识别与参与 |
| | | | 投资者关系管理 |
| 方式（创新力） | 管理创新 | 披露机制 | 财务信息披露 |
| | | | 非财务信息披露 |
| | | 激励机制 | 企业创新奖励激励 |
| | | | 员工股票期权激励计划 |
| | | 风控机制 | 内控管理体系 |
| | | | 应急管理体系 |

| 一级指标 | 二级指标 | 三级指标 | 四级指标 |
|---|---|---|---|
| 效益（转化能力） | 经济转化 | 营利能力 | 净资产收益率 |
| | | 营运效率 | 总资产周转率 |
| | | | 营收账款周转率 |
| | | 偿债能力 | 流动比率 |
| | | | 资产负债率 |
| | | | 净资产 |
| | | 成长能力 | 近3年营业收入复合增长率 |
| | | | 近3年净资产复合增长率 |
| | | 财务贡献 | 纳税总额 |
| | | | 股息率 |
| | 社会转化 | 客户价值 | 质量管理体系 |
| | | | 客户满意度 |
| | | 员工权益 | 公平雇佣政策 |
| | | | 员工权益保护与职业发展 |
| | | 员工权益 | 职业健康保障 |
| | | 安全运营 | 安全管理体系 |
| | | | 安全事故 |
| | | 合作伙伴 | 公平运营 |
| | | | 供应链管理 |

续表

| 一级指标 | 二级指标 | 三级指标 | 四级指标 |
|---|---|---|---|
| 效益（转化能力） | 社会转化 | 公益贡献 | 公益投入 |
| | | | 社区能力建设 |
| | 环境转化 | 环境管理 | 环境管理体系 |
| | | | 环保支出占营业收入比例 |
| | | | 环保违法违规事件及处罚 |
| | | | 绿色采购政策和措施 |
| | | 绿色发展 | 综合能耗管理 |
| | | | 水资源管理 |
| | | | 物料消耗管理 |
| | | | 绿色办公 |
| | | 污染防控 | "三废"（废水、废气、固废）减排 |
| | | | 应对气候变化措施及效果 |

最终的评分共设 10 个基础等级、10 个增强等级。基础等级设置为 AAA、AA、A、BBB、BB、B、CCC、CC、C 和 D；增强等级即基础等级 AA 至 B 用 "+" 和 "–" 号进行微调，分别为 AA+、AA–、A+、A–、BBB+、BBB–、BB+、BB–、B+ 和 B–，表示在各基础等级分类中的相对强度。

基于评级体系，社投盟搭建了义利 99 指数。该指数根据社投盟牵头研发的 "上市公司可持续发展价值评估模型"，从沪深两市规模最大、流动性最好的 300 家上市公司中评选出可持续发展价值最高的 99 家公司作为样本股，以反映沪深两市上市公司社会价值创造能力与股价走势的变动关系。作为全球第一个可持续发展价值主题指数，义利 99 指数采用分级靠档的加权方式，以 2013 年 12 月 16 日为基期，基点为 1000 点。义利 99 指数反映的是上市公司经济、社会、环境综合效益，不仅考量上市公司过去的表现以及当下的市值，还考察上市公司的持续发展和创造价值的能力。

# 第四节　企业提升 ESG 评级的路径建议

本节就企业如何提升相应的 ESG 评级提出具体建议。同时，为了帮助读者更好地理解相应的概念和方法，本节选取三生国健药业（上海）股份有限公司（简称三生制药）作为案例贯穿 ESG 评级提升方法论的全过程。

三生制药是一家以创新药为主的中国领先的生物制药公司，在研发、生产和销售方面拥有成熟的体系和丰富的经验，核心治疗领域涵盖肿瘤、免疫、肾科、代谢和皮肤科。三生制药以向广大患者提供创新型、可负担的、符合全球质量标准的药品为职责，立志成为立足于中国的全球领先的生物制药企业。

明晟近几年对三生制药的 ESG 评级结果为：2016 年为 B 评级，2017 年和 2018 年为 BB 评级，2019 年为 BBB 评级，2020 年为 A 评级，2021 年仍为 A 评级，2022 年和 2023 年提升至 AA 评级。三生制药实现了 ESG 评级结果质的跨越，保持全球生物科技行业领先地位。更高的 ESG 评级反映了该公司 ESG 管理制度和措施更加完善、ESG 风险更低，是三生制药稳健经营、规范治理的体现。

## 一、从自身优势出发识别 ESG 评级体系

国内外 ESG 评级体系纷繁复杂，并且每一个 ESG 评级体系都有相应的方法论。企业内部相应负责 ESG 的可持续发展团队可能无法兼顾日渐增多的评级体系以及其相应的信息问询。因此，如何识别最能展示企业可持续发展战略优势的相关评级体系，着重回应相应评级材料，是企业在面临 ESG 管理时最需要思考的问题。

因此，企业在识别 ESG 评级体系时需要重点关注以下方面的问题：企业上市地点、海外投资者关注、企业战略偏好等。首先，企业上市地点以及对应的资本市场有着不同的 ESG 评级机构偏好。以北美市场为例，投资者比较倾向全球领先的 ESG 研究、评级和数据分析机构晨星（Sustainalytics）以及国际独立评级机构 ISS 的评级结果，而在中国，明晟以及富时罗素等评级机构受关注较多。同时，

从投资者关系角度而言，不同的机构投资者可能会对 ESG 评级机构有不同的偏好和侧重。为了直接回应投资者的关切，上市公司也可以着重关注相关投资者选择的 ESG 评级进行 ESG 管理。

对于三生制药而言，虽然其在中国香港上市，香港恒生银行也有对应的可持续发展指数，但早期恒生可持续发展指数只有入选和非入选两种结果，没有等级以及区分，对于企业而言无法实现 ESG 绩效的管理和跟踪。三生制药结合自身对于海外投资者的回应和其顾问公司的建议将明晟作为其主要关注的 ESG 评级体系。

## 二、诊断 ESG 关键议题

在完成第一步识别之后，企业需要了解并归纳不同评级体系所关注的议题以及相应考察的内容。企业对在每项议题下所开展的相关活动以及信息披露程度都应进行掌握，明确各项 ESG 议题表现的差距。

三生制药作为一家制药类企业，在明晟实质性议题评估下需要重点关注的议题包括医疗健康的可获得性、公司治理、产品安全与质量、腐败及不稳定性、人力资本发展、有害排放物和废弃物。当然，这只是在医疗行业细分情况下三生制药作为制药类企业所需要关注的相关指标。医疗保健用品行业的企业需要关注的关键议题略有不同，如公司治理、腐败及不稳定性、人力资本开发、产品质量与安全、碳排放。

根据明晟最新的评价，三生制药不存在落后的 ESG 关键议题，在人力资本开发、产品安全与质量、有害排放物和废弃物等关键议题上存在行业突出表现。

当然，该结果是经过 ESG 管理和提升之后的结果。对于其他企业而言，或许其 ESG 相关议题的治理能力和披露程度还未达到三生制药目前的水平，可能还存在着一些落后的 ESG 关键议题，那么，在 ESG 评级提升的第二步，企业就需要诊断出目前在哪些议题上还低于行业平均水平，哪些议题还有进步和成长的空间。

## 三、开展有针对性的 ESG 管理提升

在诊断了企业在各项关键议题下所处的行业水平之后，就可以开展有针对性的 ESG 管理提升。对三生制药而言，其不仅发布了 ESG 报告，同时还在其投资

者关系中公开了其 ESG 规范。该规范参考了联合国全球契约十项原则、联合国《世界人权宣言》等框架和原则，并且也针对全球环境信息研究中心和明晟的评级要求进行了对标编制。在该规范中，涉及非常多的关键议题，包括反贪污与反贿赂、商业秘密与知识产权、产品安全与质量等。

　　三生制药在其产品安全与质量部分存在行业突出表现，能够看到它从政策和实践方面加以回应：在政策层面，三生制药表示将"以高品质的中国生物药惠及全球患者"作为最高目标；在实践层面，注重将建立产品质量控制体系、质量管理审计，以及产品质量与安全培训作为具体的实践活动来直接回应相关评级机构在产品安全与质量关键议题下的要求。

　　在处于行业领导者位置的人力资本开发议题下，三生制药也从政策和实践两个层面来回应评级机构的信息披露要求：从政策层面定义了强迫用工、童工以及平等用工等概念；在实践层面，其涉及自由择业、禁用童工、多元化等具体实践策略。

# 第六章 民营中小企业信用评级制度的探索

本章为民营中小企业信用评级制度的探索，主要介绍了三个方面的内容，分别是民营中小企业的评级指标体系、民营中小企业的评级概况、民营中小企业评级体系的政策建议。

## 第一节 民营中小企业的评级指标体系

### 一、民营中小企业发展的定性描述

民营中小企业的发展不仅是事关其存亡的大事，也是国家及众多投资者高度关注的大事，科学地评价民营中小企业的发展至关重要。民营中小企业的发展与评级可以从两个方面进行描述[①]：第一，质的成长，即企业素质的提高，可以从三个方面来描述：①企业在生产过程的技术创新和产品创新。其中又包括劳动者素质、生产设备的更新和改造、工艺技术的革新等；②组织结构、经营制度和管理方法的创新；③塑造优秀的企业文化，使企业在员工高度凝聚力和积极性、创造性的基础上高速成长。第二，量的成长，即企业规模的扩大以及企业组织功能方面在能量上的增加，可以从以下四个方面来衡量：①随着生产技术趋于成熟，生产过程走向专业化，从而追求规模效益；②企业逐步向多角化经营方向发展，并涉足于各种经营领域；③企业成长使企业的管理对象日趋复杂，企业的规模不断扩大，企业的组织结构的规模相应地要扩大，实现企业组织的集团化；④市场开拓能力的扩大和市场结构的国际化。

---

① 周建军，王韬. 高科技企业成长性评价体系初探 [J]. 科技管理研究，2002（4）：14-17.

## 二、民营中小企业发展动力的量化指标体系

上述定性描述无法获得强有力的数据支撑，要想科学地衡量民营中小企业的成长性，需要选择构建合适的评价指标体系并对其进行定量分析。我们可以将促使民营中小企业发展的动力划分为如下四个方面：一是研究与开发能力，主要包括研究与开发投入、人才储备等方面；二是战略管理能力，是指企业管理层对内外部资源的运用与分配；三是市场营销能力，是指企业扩大市场并取得最终回报的能力；四是环境支持能力，是指企业所能得到的外界支持与条件。下面从这四个方面进行指标设计。

研究与开发能力的高低不仅影响一个企业是否拥有高成长性，也是其能否在高科技板块中存活下去的基础。

### （一）民营中小企业研究与开发能力评价指标

1. 绝对研究与开发能力

绝对研究与开发能力（A）的相关因素如表 6-1 所示。

表 6-1　绝对研究与开发能力（A）的相关因素

| 潜力 | 投入 | 成果 |
|---|---|---|
| 科技人员数；<br>研究与开发固定资产净值；<br>研究与开发经费筹集总额；<br>图书资料拥有量 | 从事研究与开发工作的人数；<br>研究与开发经费总支出；<br>企业自筹研究与开发经费总额 | 技术转让收入；<br>新产品销售收入；<br>专利申报数；<br>完成研究与开发的项目数 |

2. 相对研究与开发能力

相对研究与开发能力（B）的相关因素如表 6-2 所示。

表 6-2　相对研究与开发能力（B）的相关因素

| 潜力 | 投入 | 成果 |
|---|---|---|
| 研究与开发人员占职工总数的比例；<br>研究与开发固定资产占固定资产总值的比例；<br>人均研究与开发经费筹集额；<br>人均图书资料拥有量 | 从事研究与开发人数占科技人员总数的比例；<br>研究与开发总支出占销售收入的比例；<br>研究与开发人员的人均研究与开发经费支出；<br>研究与开发人员增量与科技人员之比 | 企业自筹研究与开发经费与净资产之比；<br>新产品销售收入占总销售收入的比例；<br>研究与开发人员人均技术成果转让收入；<br>人均专利数 |

## （二）民营中小企业管理能力的评价指标

管理能力是关系到企业成长的一个重要指标，必须高度重视。经仔细分析与权衡，我们选取以下评价指标，如表 6-3 所示。

表 6-3　民营中小企业管理能力的评价指标

| 管理层 | 员工层 |
| --- | --- |
| 管理者道德素质；<br>管理者技能与经历；<br>管理者领导才能；<br>领导管理方式；<br>管理者敬业与奉献精神；<br>管理者洞悉目标市场的能力；<br>管理者风险反应能力 | 员工的经验与资历；<br>员工参与管理的能力；<br>员工技能与岗位的匹配；<br>员工的发展空间；<br>员工相互间的关系 |

## （三）民营中小企业市场营销能力评价指标

市场营销能力的相关因素如表 6-4 所示。

表 6-4　市场营销能力的相关因素

| 市场策略 | 产品策略 | 定价策略 | 渠道策略 | 促销策略 |
| --- | --- | --- | --- | --- |
| 行业技术独特性；<br>行业进入壁垒；<br>目标市场增长率；<br>竞争对手的情况 | 产品组合策略；<br>主导产品技术含量；<br>新产品开发能力；<br>品牌影响程度 | 行业平均固定成本和平均变动成本；<br>本企业固定成本与变动成本；<br>本企业边际成本；<br>机会成本 | 营销队伍的能力；<br>分销商的能力；<br>代理商的网络能力 | 售后服务能力；<br>促销手段；<br>广告效果；<br>市场效果；<br>公共形象 |

## （四）中小企业环境支持能力指标

中小企业环境支持能力指标涉及政府、企业和科研院校三大方面，该指标体系主要由融资体系、风险制约体系及其他辅助服务体系构成（表 6-5）。

表 6-5　中小企业环境支持能力指标体系

| 融资体系 | 风险制约体系 | 其他辅助服务体系 |
|---|---|---|
| 融资体系的开放度；<br>融资方式；<br>不同实体的资金渗透程度；<br>政府对融资的支持程度 | 投资约束机制；<br>专家评估指标；<br>项目负责制；<br>风险承担机制 | 大学；<br>科研院所；<br>国家法律法规；<br>地方性法律法规；<br>法律服务机构 |

确立上述评价指标体系后，便可针对某一具体民营中小企业或者某一行业民营中小企业进行针对性评价活动。其中需关注的前提条件之一就是，确定每个一级指标及每个二级指标所占权重，企业可请专家结合自身或行业条件对每个指标重要性进行判断，评分并获得每个指标所占权重。在合理确定上述各指标权重之后，便可构建多变量评价方程并测算出相关数据。在试算了民营中小企业发展动力指标分数之后，可辅以民营中小企业发展财务指标体系，在评判民营中小企业发展财务指标时，需要注意它的销售收入增长和市场占有率变动范围。

## 第二节　民营中小企业的评级概况

### 一、信用评级在民营中小企业发展中的必要性

民营中小企业在我国的国民经济发展中始终是一支重要力量，是我国国民经济的重要组成部分。民营中小企业作为市场竞争机制的真正参与者和体现者，在很大程度上可以说是经济发展的基本动力，反映了经济分散化、多样化性质的内在要求，体现出中小企业的先进性、革命性和生命力之所在。同时，民营中小企业以其灵活而专业化的生产和经营，给配套的大企业带来协作一体化的好处，大大节约了成本，减少了风险，增强了盈利性。民营中小企业始终是多数，担负着经济增长的重要任务。民营中小企业量大面广，分布在国民经济的各个领域，并且日益成为经济增长的主要因素，对国民经济起到了有效的辅助和补充的作用。民营中小企业对各国经济的贡献率在不断上升，特别是改革开放以来，民营中小企业得到了迅速发展，对国民经济发展的贡献越来越大，我国经济持续增长，民

营中小企业功不可没。民营中小企业是科技创新的重要源泉，是推动科技尽快转化为生产力的重要力量，民营中小企业往往是一个国家技术进步的重要载体。民营中小企业是经济发展中的增长点，是技术创新的重要力量，这不仅体现在民营中小企业呈现出以知识和技术密集型取代传统的劳动密集型、资本密集型的发展趋势，而且由于民营中小企业经营灵活、高效的特点，将科学技术转化为现实生产力所耗费的时间和精力的环节也大为缩短。

民营中小企业在贡献税收、促进就业、扩大国际贸易以及促进经济发展方面发挥着越来越重要的作用，但融资困难是制约民营中小企业发展的因素。民营中小企业在生产规模、制度完善程度等方面与大企业不同，所以，我国目前针对企业融资方面的法律法规对民营中小企业来说并不适用，因此，民营中小企业的信用评级业务发展潜力巨大。

## 二、民营中小企业信用评级影响因素研究

### （一）经营者素质

经营者素质主要反映一家企业经营管理者综合能力的高低，它主要由经营者学历、行业经验、信用记录和团队能力构成。经营者学历在某种程度上能反映经营者的专业知识与学历。一般情况下，学历高，知识层面就会高一些，当然，这种情况并非绝对存在。行业经验是经营者在其从事的行业中所积累经验的体现。随着时间的推移，他们在行业中的经验会变得更加丰富，对行业的认识也会更加深入，从而对未来做出更为准确的预测。信用记录反映了经营者的信用与诚信。若经营者的个人信用存在问题，经营企业时就极可能发生不诚实行为。团队能力是企业向心力的集中体现，是企业技术开发能力与业务拓展能力、团队协作能力的综合表现。

### （二）经营状况

经营状况主要通过企业生产能力利用率、总投资净收益率、偿债备付率、存货周转率、应收账款周转率等指标体现。生产能力利用率即实际 GDP 和潜在 GDP 之比，是反映经济景气程度和分析经济运行效率的重要指标。总投资净收益率描述的是项目在正常生产年份获得的社会净收益与其经济总投资额的比率，这

也是在项目评估和初步筛选过程中经常使用的一个固定指标。偿债能力与货币需求大小呈正相关关系，所以凡是对货币需求有影响的因素均能对现金比率产生影响。如果偿债备付率较高，则可表明企业还本付息资金雄厚，偿债能力相对较好。

### （三）发展潜力

企业未来发展潜力越大，企业信用评级越高。企业发展潜力可从企业净资产、销售增长率、净利润增长率、企业投资能力等方面体现。企业净资产作为企业可以自由支配的财产，属于所有者权益。它不仅包括兴办企业时所投入的财产及其溢价，还包括企业运营期间所产生的收入以及所获得的捐赠财产等，能够体现企业发展势头的优劣。企业投资能力能够体现企业在经营活动中所创造的资金对投资活动所需资金的满足程度，以及对企业固定资产所进行的投资程度。企业投资能力越强表明企业越容易得到回报。

### （四）数据的真实性

对企业财务信用状况进行判断，可依据其有关财务数据进行计算。但若有关资料的真实性有疑问，则所得测算结果难免不够精确，更无法成为判定企业信用的尺度。所以在对企业信用评级的时候，应该验证企业有关数据是否真实，这样才能获得较为精确的定量分析数据，才能获得较为真实的信用评级结果。

### （五）特例事项

企业在运营过程中会有一些特殊情况，这类情况还会对其运营、绩效和信用等方面产生影响，如资金问题、股权转让和纳税情况、诉讼与争议、环保及安全生产方面的问题，同时也涉及运营中可能会发生的其他一些突发及意外事项，如企业转让、合并、资本重组、法律诉讼及其他重要事件。这些特例事项使得企业在管理、债务等方面都有了显著改变，从而极大地影响了企业信用。

## 三、民营中小企业信用评级存在的问题

### （一）信用评级的法律法规不健全

目前，我国针对民营中小企业进行的信用评级缺乏明确统一的法律法规，没

有进一步对信用立法进行完善，因此各个评级机构在进行信用数据的采集与使用、信用评级运用以及评估业管理方面缺乏法律性规范，这也导致民营中小企业信用评级结果可能有偏差。另外，评级机构之间缺乏统一的标准和规范，导致评级结果存在差异性和不可比性。

### （二）民营中小企业的信用评级意识淡薄

民营中小企业在初创和发展阶段，由于资金紧张和经营压力，往往更注重短期利益，而相对忽视信用建设。这导致一些企业存在信用记录不完整、不规范，甚至存在逃避债务、违反合同等行为，严重影响了企业的信用评级结果。此外，一些民营中小企业对信用评级缺乏足够的认识和理解，认为评级过程烦琐、费用高昂，对提升企业形象和信誉度作用有限，因此参与评级的积极性不高。

### （三）信用评级体系尚不完善

民营中小企业的信用评级体系尚不完善，主要表现在以下几个方面：一是评级指标过于注重财务指标，忽视了非财务指标，如企业创新能力、社会责任等的重要性；二是评级方法相对单一，缺乏针对不同行业、不同规模企业的差异化评级方法；三是缺乏定期与不定期的评级观察及展望，在一定程度上导致"刚性兑付"被打破，使违约事件时有发生，更导致投资者质疑信用评级机构及其评级结果。

### （四）信用评级市场不规范

目前，我国信用评级市场尚处于发展阶段，市场规范程度不高。

1. 操作不规范

一些评级机构在评级过程中缺乏独立性和客观性，受到各种利益关系的干扰，导致评级结果失真。例如，一些评级机构可能会为了迎合市场需求或获取更多利益而降低评级标准，给予企业过高的信用评级。

2. 信息披露不透明

评级机构在评级过程中需要收集大量的企业信息，包括财务状况、经营状况、市场前景等。然而，一些企业在信息披露方面存在不透明、不充分的问题，导致评级机构无法全面了解企业的真实情况，从而影响了投资者的决策。

### 3. 存在虚假评级问题

一些评级机构为了争夺市场份额，可能会与企业勾结，进行虚假评级。这种虚假评级不仅损害了投资者的利益，也破坏了市场的公平性和公正性。

## （五）ESG 评级的不完善性

### 1. 信息披露标准不规范

现阶段我国具有多种类型的相关信息披露制度，主要可分为强制披露制度、半强制披露制度以及自愿披露制度。

强制披露制度主要针对重点排污单位及其子公司，强制要求其披露相关环境信息；半强制披露制度主要针对重点排污单位之外的上市公司，对其放宽信息披露标准，要求其遵守相关标准或在不遵守相关标准时给予一定的解释；与之相似，自愿信息披露制度对上市公司的信息披露主要采取鼓励方式。

这种多样的信息披露制度使得民营中小企业在进行信息披露时水平参差不齐，因此现阶段国内企业所披露的 ESG 信息主要以描述性披露为主，缺乏定量指标来对 ESG 等级进行评级量化。大量的主观描述也降低了 ESG 报告的参考价值，起不到促进投资者关注负责任投资的作用，反而会使他们对民营中小企业的真实 ESG 水平产生误判。另外，民营中小企业可能会选择自愿披露对其有利的信息，并规避不利信息的披露，这也导致 ESG 信息披露参考价值的降低。

### 2. 政策体系不完整

虽然我国主要通过政策来引导 ESG 体系在国内的发展，但政策的完善程度相较国外仍有差距。相比之下，我国的政策体系仍然只停留在宏观决策层面，缺乏对 ESG 指标和体系等微观层面的政策。

### 3. 专项监管服务部门及非营利组织缺失

目前，国内对 ESG 进行监管的部门主要是中国证监会等，虽然第三方机构承担了协助民营中小企业进行信息披露的责任，但 ESG 信息披露的研究投入不足，专项监管、鉴证机构仍旧缺失。国际上已经建立起类似于绿色和可持续金融跨机构督导小组的 ESG 专项监管服务部门，这些部门一方面可以对相关政策进行落实，另一方面也承担起监督上市公司的责任，并可以通过小组的方式扩大社会对于 ESG 的认知。在缺少专项监管部门的同时，由于我国仍处在自上而下推动 ESG 体系发展的阶段，因此我国缺少非营利组织来替代监管部门的责任。这两方面原因综合起来，导致国内民营中小企业利用完整 ESG 体系的难度较大，发展缓慢。

## 第三节　民营中小企业评级体系的政策建议

### 一、完善相应的法律体系

完善的法律体系是民营中小企业信用制度的重要组成部分，它包括对银行与商业行为进行规范，特别是对消费信贷环境及授信行为进行规范的法律，也包括对借款人的还款行为进行规范的法律，以及对消费者的不诚实行为进行惩罚的法律等。这些法律通过规范贷款者（银行及其他非金融机构）、商业部门和借款人（消费者行为）三者的关系，形成一个完整的法律体系。

政府应加强对民营中小企业信用评级的立法工作，制定统一的法律法规，明确评级机构的法律地位、职责和义务，规范评级机构的行为。同时，还应建立信用信息共享机制，促进各部门之间的信息共享和协同监管，提高信用评级的准确性和公正性。

建立成长型中小企业信用制度以及创业者信用制度是一项复杂的系统工程，需要政府有关部门、金融机构、个人信用中介机构的密切合作。在借鉴西方发达国家经验的同时，一定要结合我国的国情，尽管我国仍处于市场经济初级发展阶段，但强化信用意识、营造良好的信用环境，仍是一件刻不容缓的大事。

### 二、加强信用评级宣传和培训

在当前市场经济中，信用评级已经成为评价一个企业发展潜力和可靠性的重要标准之一，特别是在金融领域，信用评级直接关系到企业能否顺利获得融资、扩大规模、提升竞争力。因此，加强信用评级的宣传和培训，对于提高民营中小企业的信用意识和信用水平具有重要意义。政府和社会各界应共同努力，推动信用评级知识的普及和应用，为企业的发展提供有力支撑。同时，民营中小企业也应积极响应政府的号召，加强自身的信用建设，提高信用评级的参与度，为企业的长远发展奠定坚实基础。具体而言，可以通过以下途径加强信用评级的宣传和培训。

### （一）举办培训班和研讨会

政府和社会各界可以定期举办信用评级培训班和研讨会，邀请信用评级机构的专家、学者和从业人员，向民营中小企业普及信用评级的基本知识和方法。通过培训，企业可以了解信用评级的流程、标准和要求，掌握提高信用评级的方法和技巧。同时，研讨会还可以为企业提供一个交流学习的平台，使企业共同探讨信用评级的热点问题和发展趋势。

### （二）加强媒体宣传

媒体是传播信息的重要渠道。政府和社会各界可以通过电视、广播、报纸、网络等多种媒体，广泛宣传信用评级的重要性和作用，提高全社会对信用评级的认识和重视程度。同时，还可以通过报道信用评级优秀的企业案例，树立榜样，引导更多企业重视信用建设。

### （三）建立信用信息共享平台

政府可以推动建立信用信息共享平台，将企业的信用信息进行整合和共享。这不仅可以为企业提供便捷的信用信息查询服务，还可以帮助企业了解自身的信用状况，及时发现问题并加以改进。同时，信用信息共享平台还可以为金融机构提供决策支持，降低信贷风险。

### （四）完善激励机制

政府可以通过制定优惠政策、提供资金支持等方式，激励民营中小企业积极参与信用评级。例如，对于信用评级较高的企业，政府可以给予一定的税收减免、融资支持等优惠政策，提高企业的竞争力和市场份额。这将进一步激发企业参与信用评级的积极性，形成良好的信用环境。

## 三、完善信用评级体系

信用评级作为评价企业信用状况的重要手段，对于维护市场秩序、保护投资者利益、促进金融市场健康发展具有不可替代的作用。因此，评级机构应不断完善信用评级体系，优化评级指标和方法，以更好地服务于金融市场。

在指标设置上，评级机构不仅要关注传统的财务指标，如资产负债率、营利能力、偿债能力等，还要重视非财务指标，如企业创新能力、社会责任等。这是因为，随着经济的发展和社会的进步，企业的综合实力和竞争力已经不仅仅取决于财务指标，还包括企业的创新能力、品牌形象、社会责任等多方面的因素。例如，企业的创新能力可以直接影响其产品和服务的质量，从而影响其市场占有率和营利能力；而企业的社会责任则关乎其声誉和公众形象，对于企业的长期发展至关重要。因此，评级机构在构建信用评级体系时，应充分考虑这些因素，确保评级结果的全面性和准确性。

在评级方法上，评级机构要针对不同行业、不同规模的企业制定差异化的评级方法。这是因为不同行业、不同规模的企业在经营特点、风险状况等方面存在显著差异，采用统一的评级方法往往难以准确反映其信用状况。例如，对于高新技术企业，应更加注重其研发能力、技术转化能力等方面的评价；而对于传统行业的企业，则应更加关注其市场地位、成本控制能力等方面的表现。制定差异化的评级方法可以提高评级的针对性和准确性，更好地满足投资者的需求。

此外，评级机构还应加强与其他国家和地区的合作与交流，借鉴国际先进经验，提升我国信用评级体系的国际影响力。随着经济全球化的深入发展，我国金融市场与世界的联系越来越紧密。在此背景下，我国信用评级体系必须与国际接轨，才能更好地服务于我国企业的国际化发展。加强国际合作与交流可以引进国际先进的评级理念和技术方法，提高我国信用评级体系的专业化和国际化水平。

## 四、规范信用评级市场秩序

政府应加大对信用评级市场的监管力度，规范市场秩序。建立健全市场准入和退出机制，对不符合条件的评级机构进行清理和整顿；加强对评级机构行为的监督和检查，对违规行为进行严厉打击；推动评级机构之间的信息共享和协同合作，提高整个市场的规范程度和透明度。同时，还应鼓励和支持民间资本进入信用评级市场，推动市场竞争和多元化发展。

可以通过以下几个方面加强信用评级市场的规范性。

### （一）加大监管力度

政府应加大对信用评级市场的监管力度，制定更加严格的法律法规，规范评级机构的行为，保障市场的公平、公正和透明。

### （二）提高评级机构的独立性

评级机构应保持独立性，避免受到各种利益关系的干扰。政府可以通过引入第三方监管、加强信息披露等方式，提高评级机构的独立性。

### （三）加强投资者教育

投资者应加强对信用评级市场的了解，提高投资意识和风险意识。政府可以通过开展投资者教育、加强信息披露等方式，帮助投资者更好地了解市场情况，做出正确的投资决策。

## 五、提高信用评级机构的独立客观性

在提高信用评级机构的独立客观性方面，我们必须明确信用评级机构的作用和职责。它们的主要任务是为投资者提供准确、及时、公正的信用风险评估，以便投资者做出明智的决策。因此，保持独立性和客观性对于评级机构来说至关重要。

为了实现这一目标，我们可以考虑以下几个方面。

### （一）加大监管力度

政府和相关监管机构应加大对信用评级机构的监管力度，确保它们遵循严格的道德准则和法律准则。这包括制定和执行严格的透明度要求，以防止评级机构与评级对象之间出现不当的利益冲突。

### （二）建立利益隔离机制

评级机构应建立有效的利益隔离机制，以防止评级结果受到任何潜在的利益冲突的影响。例如，评级机构可以采取措施，确保评级人员与被评企业之间不存在直接的利益关系，如持股、咨询等。

### （三）提高评级方法的透明度和一致性

评级机构应公开其评级方法和模型，以便投资者和其他利益相关者了解评级过程。此外，评级机构还应确保评级结果在不同时间和不同市场之间的一致性和可比性。

### （四）加强行业自律

信用评级机构应积极参与行业自律组织，共同制定和执行行业标准，以提高整个行业的质量和声誉。此外，评级机构还可以通过与其他机构合作，共享信息和经验，提高评级质量和客观性。

### （五）提高投资者的认知和教育水平

投资者需要了解信用评级的作用和局限性，并了解如何正确地使用评级结果。评级机构可以通过评级教育和提供培训材料，帮助投资者提高信用风险评估能力，从而更好地利用评级结果做出决策。

## 六、ESG 评级问题的解决建议

### （一）制定统一的环境信息披露标准

为了提高数据质量，我们应当制定统一的环境信息披露标准。高品质的数据对企业的投资分析至关重要，这要求民营中小企业提供统一、可对比和高效的ESG 数据。例如，当信用评级机构对企业的债券发行进行评估时，他们会深入分析发行人的 ESG 相关资料；银行在提供贷款期间，也需要对项目的 ESG 风险进行详细的评估，从而做出有针对性的定价策略。建议通过组建一个可持续发展数据联盟来解决这一问题，或者可以借助一个具有公信力的政府部门或者其他机构来建立一个 ESG 信息公开平台，从而实现数据源的无缝整合。政府及相关监管机构可以更加重视民营中小企业以及它们的债务发行者的信息公开规范和指南，从而提高信息公开的质量。

## （二）探寻适合我国国情的 ESG 评价体系与方法

ESG 投资显示出鲜明的时代属性和地域属性。虽然各国市场对 ESG 的投资理解和原则框架基本相似，但因为投资者特定的需求、经济实体间的社会文化差异以及资本市场的固有属性等，各个市场在具体的评价标准、采纳的方法和关注焦点上仍存在差异。例如，北欧国家受到地球气候变暖以及冰川融化的多重压力，在对 ESG 的投资计划中，对气候变化和碳排放问题给予了特别关注。对于我国的 ESG 投资，应考虑我国现阶段遇到的重大问题及其长远的策略，并制定适合我国市场特性的评价准则和策略。

## （三）发挥政府和市场主体的积极性

市场的生态平衡要求所有市场参与者共同协作。为了响应资产所有者所追求的价值观，资产管理机构应积极促进 ESG 投资与研发体系的快速构建。此外，还应鼓励广大投资者深入了解 ESG 的投资策略、产品种类，以不断提高 ESG 投资实力，并通过投资力量来完善环境以及支持社会、民营中小企业的管理议题。各个市场机构需要把专业的强项和市场战略相融合，设计出多元化的 ESG 投资方案，并在市场上进行个性化的竞争以满足投资者多样化的需求。我国民营中小型企业在 ESG 投资上的蓬勃增长是市场实力与政府政策指引共同推动的结果。政府与各机构应主动回应 ESG 的多元价值诉求，完善奖励和激励机制，并在银行信贷和运营方面整合 ESG 原则。此外，应加强信息透明度，并对利益相关方的绿色投资进行评估，同时还要优化 ESG 基金的投资方针。

# 参考文献

[1] 孙克.企业债信用评级及风险揭示评价 [M].西安：西安交通大学出版社，2019.

[2] 陈洪海.小企业信用评级：理论、模型与应用 [M].北京：中国金融出版社，2018.

[3] 黎莹.企业信用评级与风险管理实验教程 [M].成都：西南财经大学出版社，2016.

[4] 王仕卿，蔡红，付美平.中小企业客户信用风险研究 [M].北京：中国经济出版社，2016.

[5] 责扬天下管理顾问，中投咨询有限公司.ESG 竞争力 [M].北京：企业管理出版社，2022.

[6] 朱天星.商业银行小企业信用风险评级理论、模型及应用 [M].北京：经济科学出版社，2014.

[7] 谢多.信用评级 [M].北京：中国金融出版社，2014.

[8] 张坤.社会信用体系建设背景下企业信用与企业融资效率 [M].北京：经济管理出版社，2020.

[9] 谭永智，李淑玲.企业信用管理实务 [M].北京：中国方正出版社，2004.

[10] 管竹笋，代奕波.ESG 管理与信息披露实务 [M].北京：企业管理出版社，2017.

[11] 杜景凯.基于大数据的科技型中小企业信用评级体系构建研究：以张江企业信用体系为例 [J].经济研究导刊，2022（22）：13-15.

[12] 王海兵，周彬.内部控制、审计意见与企业信用评级 [J].重庆理工大学学报（社会科学），2021，35（4）：92-102.

[13] 周颖 . 基于信息增益的小型工业企业信用评级模型 [J]. 运筹与管理，2021，30（1）：209–216.

[14] 姜欠 . 商业银行对企业信用评级的研究 [J]. 时代金融，2013（33）：152.

[15] 郑建华，黄灏然，李晓龙 . 基于大数据小微企业信用评级模型研究 [J]. 技术经济与管理研究，2020（7）：22–26.

[16] 谢安珂 . 关于中小企业信用评级体系的研究 [J]. 广西质量监督导报，2020（5）：194–195.

[17] 李鸿禧 . 企业信用评级的国际经验与方法研究 [J]. 新金融，2020（1）：54–58.

[18] 曹晓雷 . 企业信用评级财务分析体系若干问题探讨 [J]. 现代商业，2019（26）：177–178.

[19] 曹晓雷 . 企业信用评级中财务分析存在的问题及改进措施 [J]. 中国商论，2019（11）：166–167.

[20] 王逸伦 . 中小企业信用评级问题 [J]. 浙江经济，2018（20）：41.

[21] 乔雅 . 企业信用评级影响因素研究 [D]. 北京：华北电力大学（北京），2021.

[22] 孙毅 . 振银公司小微企业信用评级优化研究 [D]. 兰州：兰州大学，2021.

[23] 黄珂 . 关键审计事项与企业信用评级 [D]. 厦门：厦门大学，2020.

[24] 刘梦琪 . 客户集中度与企业信用评级 [D]. 厦门：厦门大学，2020.

[25] 申攀 . 河南省科技型中小企业信用评级指标体系优化研究 [D]. 郑州：河南财经政法大学，2019.

[26] 曹洛 . 大数据驱动下我国小微企业信用评级与风险管理 [D]. 重庆：重庆大学，2019.

[27] 柳煦 . 基于最优指标组合和最优权重的小企业信用评级研究 [D]. 大连：大连理工大学，2018.

[28] 王玥 . 企业战略差异对企业信用评级的影响研究 [D]. 天津：天津财经大学，2018.

[29] 魏奇 . 科技型中小企业信用评级研究 [D]. 西安：西安理工大学，2018.

[30] 杨军 . 基于因子分析法的中小企业信用评级体系研究 [D]. 重庆：重庆大学，2017.